Lernkrimi Spanisch

FLAMENCO MORTAL

Elena Borges

Compact Verlag

Bisher sind in dieser Reihe erschienen:

- Englisch, Französisch, Italienisch, Spanisch, Deutsch: B1, B2
- Englisch GB/US, Business English: B1, B2
- Deutsch: B1
- Sammelband Lernkrimi Englisch: B1/B2

In der Reihe Compact Lernkrimi Kurzkrimis sind erschienen:

- Englisch, Französisch, Italienisch, Spanisch, Deutsch: A2

In der Reihe Compact Lernkrimi History sind erschienen:

- Englisch: B1, B2, Italienisch: B1

In der Reihe Compact Lernthriller sind erschienen:

- Englisch: B1, B2, Spanisch: B1

In der Reihe Compact Lernstory Mystery sind erschienen:

- Englisch: B1, B2

In der Reihe Compact Lernkrimi Hörbuch sind erschienen:

- Englisch: B1, B2, Business English: B2
- Französisch, Italienisch, Spanisch: B1

In der Reihe Compact Lernkrimi Sprachkurs sind erschienen:

- Englisch für Anfänger: A1/A2

Lernziele:
- Grundwortschatz, Grammatik (A2, B1)
- Aufbauwortschatz, Konversation (B2)

In der Reihe Compact Schüler-Lernkrimi sind erschienen:

- Englisch, Französisch, Spanisch, Latein, Deutsch, Mathematik, Physik, Chemie

Weitere Titel sind in Vorbereitung.

Chefredaktion: Dr. Angela Sendlinger
Redaktion: Paulina Palomino
Fachredaktion: Carmen de Miguel
Produktion: Wolfram Friedrich
Titelillustration: Karl Knospe
Typographischer Entwurf: Maria Seidel
Umschlaggestaltung: Carsten Abelbeck

ISBN 978-3-8174-7614-5
7276145

Besuchen Sie uns im Internet: www.compactverlag.de, www.lernkrimi.de

Vorwort

Mit dem neuen, spannenden Compact Lernkrimi können Sie Ihre Spanischkenntnisse auf schnelle und einfache Weise vertiefen, auffrischen und überprüfen.
Kommissar José García erleichtert das Sprachtraining mit Action und Humor. Er und seine mysteriösen Kriminalfälle stehen im Mittelpunkt einer zusammenhängenden Story.
Der Krimi wird auf jeder Seite durch abwechslungsreiche und kurzweilige Übungen ergänzt, die das Lernen unterhaltsam und spannend machen.
Prüfen Sie Ihr Spanisch in Lückentexten, Zuordnungs- und Übersetzungsaufgaben, in Buchstabenspielen und Kreuzworträtseln!
Ob im Bus oder in der Bahn, im Wartezimmer, zu Hause oder in der Mittagspause – das Sprachtraining im handlichen Format bietet die ideale Trainingsmöglichkeit für zwischendurch.
Schreiben Sie die Lösungen einfach ins Buch!
Die richtigen Antworten sind in einem eigenen Lösungsteil zusammengefasst.

Und nun kann die Spannung beginnen ...

Viel Spaß und Erfolg!

Die Ereignisse und die handelnden Personen in diesem Buch sind frei erfunden. Etwaige Ähnlichkeiten mit tatsächlichen Ereignissen oder lebenden Personen wären rein zufällig und unbeabsichtigt.

Inhalt

Story

Kommissar García ist der beste Mann der Kriminalpolizei von Barcelona. In dieser Metropole ist es seine Aufgabe, gestohlene Unikate wiederzufinden, dunkle Machenschaften zu ergründen und zwielichtige Gestalten dingfest zu machen.

Kommissar García hat alle Hände voll zu tun: nicht nur mit dem Diebstahl einer Skulptur aus dem Museum der Fundación Miró. Auch die Leiche einer jungen und talentierten Flamencotänzerin in dem lebendigen Stadtviertel Barrio Gótico geben ihm Rätsel auf. Er und seine deutsche Kollegin Bea stellen sehr schnell fest, dass eine verschwundene Jadefigur eine wichtige Rolle für die Lösung des Falles spielt. Die Fährte, die Kommissar García in den kleinen, verwinkelten Straßen und den zahlreichen Tapas-Bars des Viertels verfolgt, führt ihn zu einer skrupellosen Verbrecherbande, die einen internationalen Terrorakt plant. Ein Wettlauf gegen die Zeit beginnt…

La blanca silueta del edificio de la Fundación Miró contrastaba con el fondo azul de la noche estrellada. Las formas curvas y rectangulares se combinaban con el cristal de los ventanales.

-La Fundación Miró es uno de los edificios que vale la pena visitar en Barcelona -le susurró el comisario García a Bea.

-Sí, comisario, pero ahora tenemos que entrar ahí y atrapar al ladrón -contestó Bea.

-Ya, ya, pero es una pena porque hace una noche maravillosa y el aire fresco del Montjuic me abre el apetito. Pero, en fin, el deber es el deber, vamos allá...

Beate Schramm era una oficial de la policía alemana que trabajaba con el comisario José García en un programa internacional de cooperación. Juntos habían resuelto algunos casos como "El ladrón de las mil caras" o "La huella del caballero negro".

Habían llegado a la Fundación Miró diez minutos después de que sonara la alarma del museo.

Übung 1: Lesen Sie weiter und setzen Sie, falls nötig, den richtigen Artikel ein! ***(el, la, los, las, un, una, unos, unas)***

(1.) _____ vigilante nocturno les abrió (2.) _____ puerta electrónica y ellos entraron en (3.) _____ edificio.

-El vigilante está en la cabina de control pero ha comunicado a (4.) _____ policía que ha visto (5.) _____ movimiento extraño a través de (6.) _____ cámaras de (7.) _____ seguridad en el lado norte del edificio -comentó el comisario.

-¿Cómo vamos a llegar hasta allí? -preguntó Bea dudando, puesto que el edificio estaba bastante oscuro, solamente iluminado por

(8.) ____ luces de emergencia que se conectaban con la alarma.

-Tenemos que ir en esa dirección -contestó el comisario señalando con (9.) ____ dedo.

-Vaya, no sabía que tenías tan buen sentido de (10.) ____ orientación -replicó Bea en tono sarcástico.

-No lo creas, lo que pasa es que ya he estado otras veces en este museo.

Bea se iba acostumbrando poco a poco a la capacidad de improvisación del comisario en sus actuaciones policiales, aunque al principio le había costado mucho. A ella le gustaba tenerlo todo muy bien calculado.
-¿Cómo crees que ha entrado el ladrón en el edificio? -preguntó Bea.
-Lo más lógico es que haya entrado en el museo durante los horarios de visita habituales y se haya quedado después para cometer el robo -contestó García.
-Sí, seguramente ha sido así porque el vigilante no ha visto ninguna puerta forzada.
-En cualquier caso, el ladrón debe estar aún en el edificio porque las puertas se cierran automáticamente al accionar el sistema de seguridad.

ÜBUNG 2 !

Übung 2: Wie lauten die weiblichen Formen?

1. el ladrón ______________
2. el oficial de policía ______________
3. el vigilante nocturno ______________
4. el famoso artista ______________

5. el profesional ______________________

6. el inspector ______________________

La Fundación Miró es un edificio de arquitectura muy moderna destinado a exponer las obras del famoso artista. El edificio está situado en Montjuic, una zona elevada al sur de la ciudad cubierta de bellos jardines desde los que se puede ver toda Barcelona.

-El ladrón no es un profesional -constató el comisario-. De lo contrario habría estudiado muy bien el sistema de seguridad del museo y habría sabido que no podía salir de aquí sin desconectar el sistema de alarma…

-José, *tsch*…un momento…acabo de oír unos pasos dirigiéndose con mucha rapidez hacia el lado norte del edificio -le interrumpió Bea.

-Supongo que el ladrón se dirige a la puerta trasera del edificio por la escalera de emergencia -dijo el comisario-. Allí será fácil atraparlo si actuamos de manera coordinada.

-¿Cómo? -replicó Bea.

-Lo mejor será que tú le sigas mientras yo le corto el paso en la escalera de emergencia.

-Muy bien, entonces nos encontramos en la escalera de emergencia.

Übung 3: Welches Wort bedeutet das Gegenteil? Setzen Sie die richtige Ziffer in das Kästchen!

ÜBUNG 3 !

1. moderno	☐	difícil
2. sur	☐	delantera
3. bello	☐	antiguo
4. conectar	☐	norte
5. rapidez	☐	feo
6. trasera	☐	desconectar
7. fácil	☐	lentitud

Bea se adelantó algo despacio y con mucho cuidado. Aunque tenía prisa no quería tropezar por error con alguna obra de arte en la semioscuridad.

ÜBUNG 4 !

Übung 4: Lesen Sie weiter und unterstreichen Sie die sieben Adjektive und die dazu gehörenden Substantive!

Por todos lados había esculturas, algunas de ellas muy grandes con formas geométricas en colores muy brillantes.
Hasta ese momento Bea no había visto nunca la obra de Miró que le sorprendió por su frescura y alegre colorido.
El museo estaba dividido en grandes salas y en diferentes alturas que daban a los visitantes la posibilidad de observar los cuadros y otras obras de arte desde diferentes perspectivas.

Bea subió con cuidado unos escalones y se dirigió a la siguiente sala en dirección al ladrón.
El comisario, por su parte, había acortado el camino. Subiendo por una escalera al segundo piso y atravesando una sala muy grande llegó a la puerta que llevaba a la escalera de emergencia. Desde allí empezó a bajar las escaleras poco a poco. Sabía que el ladrón, al ver que la salida de emergencia estaba cerrada bajaría también por esas escaleras para dirigirse a la puerta principal.

ÜBUNG 5 !

Übung 5: Verbinden Sie Wort und Definition! Setzen Sie die richtige Ziffer ein!

1. escalera	☐	algo que sirve para entrar o salir de un lugar
2. salida	☐	lugar situado entre un tramo y otro de la escalera

3. acortar	☐	vuelta de una calle o camino
4. puerta	☐	interferir con el pie el paso de una persona
5. emergencia	☐	el lugar por donde se puede llegar afuera
6. zancadilla	☐	hacer algo más corto
7. recodo	☐	algo que sirve para subir o bajar de un piso a otro
8. descansillo	☐	situación de peligro para las personas o las cosas

García, escondido detrás de un recodo de la escalera, esperó a que pasara el ladrón.

A los pocos minutos oyó unos pasos apresurados bajando la escalera. El comisario se preparó para sorprenderlo y, justo en el momento en el que el ladrón pasaba a su lado sin verlo, el comisario le puso la zancadilla. El ladrón tropezó y cayó con estrépito rodando unos cuantos escalones. La escultura robada también rodó escalera abajo hasta el descansillo.

Con una rapidez asombrosa el ladrón, que era un tipo bastante joven con más aspecto de estudiante que de ladrón de obras de arte, se puso de nuevo en pie y se abalanzó sobre el comisario dándole un puñetazo. Éste, sorprendido, no acertó a esquivarlo y sintió el doloroso golpe del ágil puño del ladrón en la cara.

-¡Policía! -gritó el comisario intentado convencer al ladrón para que se rindiera-. ¡Será mejor que se entregue! ¡He pedido refuerzos!

-¡Eso me da igual! ¡No me atraparán! -contestó el ladrón.

El comisario García y el ladrón se enzarzaron en una aparatosa pelea. El ladrón peleaba muy bien y el comisario que, con algunos kilos y algunos años de más, ya no estaba muy en forma, terminó cayendo al suelo.

Übung 6: Lesen Sie weiter! Ordnen Sie die Buchstaben in der Klammer und bilden Sie ein sinnvolles Wort!

El (1. ohcic) __________ consiguió echarse encima de García y propinarle un nuevo (2. pelog) __________ en la cara que lo dejó un poco atontado.

El (3. masociori) __________, con la mandíbula dolorida, se preguntaba si a sus años no merecería un (4. jabroat) ________ más tranquilo, por ejemplo sentado en una (5. cafoini) ________. Por otro lado, también le gustaba mucho la (6. canóic) _______, trabajar en la calle y tener contacto directo con el (7. mernic) ________. Además, desde que trabajaba con Bea, tenía un aliciente más.

Justo en el momento adecuado apareció Bea que, utilizando sus artes marciales, consiguió reducir al ladrón y ponerle las esposas.
-¡Tus días de ladrón se han acabado, guapo!
-¡No soy ningún ladrón! -gritó el joven.
-¿Ah no? ¿Y qué hacías por aquí? ¿Dar un paseo a la luz de la luna? -preguntó irónicamente Bea.
-¡Pero si es un crío! -observó el comisario.
-¡No quería robar la escultura! Sólo quería… -intentó excusarse el chico.
-¡Seguramente sólo querías tomarla prestada!
-Pues en realidad se trata de algo así -explicó el joven-. Soy un gran admirador de las obras de Miró y… ya sé que está mal pero la posibilidad de tener una escultura de Miró en casa me impulsó a cogerla sin pensar en las consecuencias.
-¿Y qué pensabas hacer con ella? ¿Mejorar la decoración de tu casa? -preguntó García.

-Bueno, soy estudiante de Bellas Artes y pensaba hacer un estudio sobre la escultura.
-¿No pensaste también que la policía te perseguiría?
-¡Pensaba devolverla en unos días!

Übung 7: Welches Wort ist das „schwarze Schaf"? Unterstreichen Sie das nicht in die Reihe passende Wort!

1. cara, brazo, cabeza, coche, mano
2. médico, viaje, maestro, arquitecto, fontanero
3. camino, calle, autopista, sendero, caminar
4. pantalón, blusa, guantes, anillo, falda
5. pájaro, coche, tren, autobús, avión
6. perro, camión, caballo, gato, pájaro
7. vaso, plato, lechuga, copa, cubierto
8. ver, correr, oler, tocar, oír

El comisario se quedó en silencio unos instantes. Se le veía en la cara que estaba pensando algo. Sus cejas juntadas y las arrugas en la frente siempre le delataban cuando su cabeza estaba trabajando.
-Bueno, bueno… -reflexionó el comisario-. Bea ¿qué te parece si por esta vez… hacemos una excepción?
-¿Qué quieres decir? -preguntó Bea algo sorprendida.
-Quiero decir que no vamos a hacerle ningún favor a la humanidad si ponemos una denuncia contra el chico… -aclaró el comisario con una sonrisa en los labios.
-¡Pero José…! -replicó Bea.
-Sí, sí, será mejor que te vayas y no vuelvas por aquí -añadió el comisario dirigiéndose al joven.

-¡Hombre, muchas gracias! -el joven ladrón apenas se lo podía creer. ¿Realmente le iban a dejar ir?

-¡No vuelvas a intentar nunca algo así! -exclamó el comisario abriendo la puerta de emergencia y dejando escapar al chico.

-¡No, no, se lo aseguro! -respondió el estudiante mientras salía del museo.

-Entre nosotros, Bea, todo esto ha sido sólo una falsa alarma.

-José.... ya sabes que estas excepciones no me gustan mucho. Al menos deberíamos haber tomado sus datos.

-Sí, sí... ya lo sé. Pero si empezamos a tomar datos y hacer cosas de ese estilo tendríamos que haberlo llevado a comisaría -advierte el comisario García.

-Pero, no se puede... no, no, no es correcto... -se indigna la oficial alemana.

-Ya, entiendo... Mira, no ganamos nada deteniendo a este chico. El caso está resuelto y a nadie beneficia que este ladrón de tres al cuarto vaya a la cárcel. Y él no volverá a intentar una cosa así, después del susto de esta noche -aclaró el comisario.

-Es cierto, estaba muy asustado... y muy agradecido. Ha sido una suerte para él haberse topado con un comisario tan generoso. -tuvo que admitir Bea.

-Vamos a devolver la escultura a su sitio y te propondré algo para compensarte... -concluyó García.

ÜBUNG 8 !

Übung 8: Lesen Sie weiter und unterstreichen Sie das passende Wort!

Bea y el comisario recogieron (1.) la escultura/el cuadro del suelo y, atravesando algunas (2.) habitaciones/salas del museo, se dirigieron al lugar donde tenía que estar expuesta y la (3.) colocaron/sacaron en su sitio.

(4.) Antes/Después pasaron por el centro de (5.) control/diversión donde (6.) era/estaba el vigilante y le dijeron que todo había sido una falsa alarma.

-Bueno comisario, me ibas a proponer algo…
-Sí, verás... -dijo el comisario mientras se dirigían hacia el coche-. ¿Qué te parece si vamos a cenar unas tapas a un sitio que conozco muy bien?
-José, no estarás coqueteando conmigo ¿no? –Bea y el comisario no se habían visto nunca fuera del horario de trabajo.
-¡No, no! -exclamó nervioso García-. Sólo quería enseñarte un local que conozco.
-Bueno, ¿de qué local se trata?
-Es un tablao de flamenco. ¡Esta noche actúa una bailaora fenomenal!
-No sabía que te gustara el flamenco.
-¡Me encanta! Junto a la historia del arte, el flamenco es una de mis grandes aficiones. Además ¡en ese sitio ponen unas tapitas muy ricas!
-Pero ¿no estabas a dieta? -preguntó Bea sonriendo.
-Sí, pero a veces, sólo a veces, hago alguna pequeña excepción -dijo el comisario abriéndole a Bea la puerta del coche.
-Está bien ¡me encantaría conocer ese tablao! -contestó Bea subiéndose al coche.

Übung 9: Bilden Sie den Plural dieser Wörter!

ÜBUNG 9 !

1. coche ______________________
2. local ______________________
3. tablao ______________________
4. afición ______________________
5. tapa ______________________

6. excepción ____________________

7. trabajo ____________________

El coche avanzaba por las calles de Barcelona en dirección al mar. Los grandes árboles que bordeaban las avenidas iban pasando por la ventana de Bea desapareciendo enseguida. Ella reclinó la cabeza en el cristal, algo cansada, pero feliz de estar en esa ciudad. Había oído hablar tanto de ese lugar que cuando llegó le pareció que recordaba muchas cosas. Tuvo la sensación de volver a un lugar conocido, pese a ser la primera vez que estaba ahí. Y se alegraba de tener a García a su lado.
El comisario conducía el automóvil con mucha torpeza entre el tráfico. Estaba realmente enamorado de su coche, pero no porque le gustaran especialmente los coches, sino porque le tenía afecto. Quizás precisamente por no considerarlo una máquina sino un compañero. Su habilidad al volante, desde luego, dejaba mucho que desear.

ÜBUNG 10 !

Übung 10: Lesen Sie weiter und unterstreichen Sie die Formen von ***ser*** *und* ***estar!***

Se dirigieron al Barrio Gótico. No se podían imaginar en ese momento que más que salir de un caso estaban a punto de entrar en un enredo criminal de gran envergadura. El espectáculo de flamenco no iba a ser más que el principio de un espectáculo mucho mayor.
-El Barrio Gótico es el casco antiguo de la ciudad de Barcelona y está lleno de edificios de los siglos XIII al XV -explicó el comisario-. En aquella época Barcelona era uno de los puertos mercantiles más importantes del Mediterráneo.
El comisario García era un experto en historia, especialmente en historia del arte. Como le apasionaba el tema, aprovechaba la

menor ocasión para explicarle a Bea algo sobre algún monumento, algún edificio o algún artista.
-¿Y la Catedral? ¿Fue también construida en esa época? -preguntó Bea interesada.
-Sí, la Catedral de Santa Eulalia fue construida en esos siglos. Está bastante cerca de la Plaza de Sant Jaume. En esa plaza se encuentran el Ayuntamiento y el Gobierno de la Comunidad, llamado la Generalitat de Catalunya. Los edificios históricos están uno frente al otro y dominan la plaza. Se trata del centro político de Barcelona y Cataluña.
-Y ¿dónde está el tablao?
-El tablao se llama "La guitarra" y está precisamente en el Barrio Gótico, muy cerca de la Plaza de Sant Jaume.

El tablao flamenco llamado "La guitarra" era uno de los pocos que quedaban en la Barcelona moderna, postolímpica. La afición al flamenco está mucho más extendida en Andalucía donde hay gran cantidad de tablaos. Andalucía es el hogar del flamenco. La gran cantidad de inmigrantes andaluces que viven en Barcelona contribuyó al mestizaje cultural de la ciudad.
Bea y el comisario aparcaron el coche y se dirigieron a pie a "La guitarra".
Las calles del Barrio Gótico son estrechas con edificios antiguos adornados con balcones de hierro forjado.
Por el día los edificios proyectan su sombra sobre las aceras y sólo las pequeñas plazas quedan iluminadas por el sol.
Las calles están llenas de tiendas de antigüedades y pequeños negocios, chocolaterías, churrerías, bares viejos y restaurantes.

Algunas veces se pueden ver desde la calle patios interiores preciosos, llenos de plantas.

Al doblar una esquina se encontraron con un perro vagabundo que orinaba en la puerta de metal de un comercio. El perro pasó de largo indiferente.

! ÜBUNG 11

Übung 11: Lesen Sie weiter und finden Sie das Gegenteil der Wörter in Klammern!

El comisario guió a Bea hasta una puerta de madera verde. (1. Debajo) __________ de la puerta había un letrero en arco en el que podía leerse “La guitarra”. (2. Salieron) __________ y (3. subieron) __________ una escalera (4. ancha) __________. Desde la (5. salida) __________ se oían las voces de la gente y algún rasgueo de guitarra. Cuando llegaron abajo se encontraron una sala (6. pequeña) __________ con mesas (7. cuadradas) __________ pequeñas y sillas de madera.

Una inmensa nube de humo de tabaco flotaba sobre las cabezas de los espectadores y algunos focos iluminaban el escenario. El local estaba en penumbra.
El camarero les saludó.

! ÜBUNG 12

Übung 12: Lesen Sie weiter und setzen Sie die fehlenden Wörter in die passenden Lücken ein! ***(bailaoras, camarero, gran, escenario, mesa, noches, ojo)***

-¡Buenas (1.) __________, José! ¡Me alegro de verte por aquí! -exclamó el camarero-. ¡Hoy vienes muy bien acompañado!

-observó guiñándole un (2.) ________ al comisario y sonriendo.

-¡Gracias, Luis! -contestó el comisario un poco ruborizado.

-Una (3.) ________ para dos ¿no? -preguntó Luis.

-Sí, y que esté cerca del escenario, por favor.

El (4.) ________ les señaló una mesa cerca del (5.) ________.

-¡Hoy actúa Carmen! -informó Luis.

-Sí, ya lo sé. Por eso hemos venido -afirmó el comisario-. Carmen es una de las mejores (6.) ______________-dijo el comisario dirigiéndose a Bea.

-Sí, señorita ¡Carmen es una (7.) ________ artista! -aseguró Luis-. No se arrepentirá de haber venido.

-Seguro que no -contestó Bea.

Luis se alejó disculpándose para atender a otros clientes y Bea y el comisario se acercaron a la mesa señalada. El comisario le ofreció una silla a Bea y después se sentó en otra.
Bea se estaba acostumbrando poco a poco a las galanterías algo anticuadas del comisario que a veces la desconcertaban un poco pero que, por otro lado, la halagaban.
-Parece que te conocen muy bien aquí -dijo Bea.
-Sí, es que vengo de vez en cuando -contestó García.
-¡Eres una caja de sorpresas, José! -exclamó Bea asombrada.
Ambos estaban un poco nerviosos porque la situación se parecía bastante a una cita romántica.

ÜBUNG 13

Übung 13: Setzen Sie das passende Verb in der richtigen Form ein!
(tomar, recomendar, estar, tener, proponer, aceptar, sonreír)

-Bueno ¿qué vais a (1.) __________? -preguntó Luis acercándose de nuevo con un bloc de notas en la mano.

-¿Qué nos (2.) __________? -preguntó García.

-El vino de la casa (3.) __________ muy bueno.

-Pues muy bien, el vino de la casa y alguna tapa.

-(4.) __________ pan con tomate y jamón serrano buenísimo, boquerones fritos y croquetas de bacalao -(5.) __________ Luis.

-Me parece excelente -(6.) __________ el comisario mientras se le hacía la boca agua.

-¡Muy bien! -Luis (7.) __________ y se alejó en dirección a la cocina.

Bea y el comisario se quedaron solos. A Bea le gustaba mucho el ambiente familiar que se respiraba en el tablao. Parecía que muchos de los clientes se conocían entre sí y sabían mucho de flamenco. Sólo había algún que otro turista algo despistado.

ÜBUNG 14

Übung 14: Lesen Sie weiter und unterstreichen Sie die Verben im Imperfekt!

-José, explícame algo sobre el flamenco, por favor. Es que no sé mucho del tema y me gustaría entenderlo un poco mejor -pidió Bea. Hacía algunos años que Bea se había trasladado a vivir a España y, aunque dominaba el idioma, aún había muchas cosas de la cultura española que no conocía y por las que siempre se interesaba mucho.

-Bueno… yo tampoco soy un experto -carraspeó García-. Pero sé un par de cosas, por ejemplo que el flamenco es un arte andaluz, es decir, nacido en el sur de España y se expresa de tres maneras diferentes: a través del cante, del baile y de la guitarra.
-¿Como surgió el flamenco? -preguntó Bea.
-El arte del flamenco es un arte fundamentalmente gitano, es decir, lo trajo la población gitana en su migración desde la India y luego se mezcló con influencias árabes y del norte de África. Además se ha conservado a lo largo de los siglos gracias a la población gitana.
-¡Ay! ¡Qué interesante! -exclamó Bea.
-Sin embargo -continuó el comisario-, actualmente hay muchos "payos", es decir, españoles que no son gitanos, o incluso extranjeros, que saben bailar o tocar la guitarra muy bien y que se ganan el respeto de los entendidos.

Übung 15: Setzen Sie die fehlenden Akzente, falls nötig!

1. pantalon	6. tonteria	11. policia
2. ¿como?	7. cafe	12. republica
3. tambien	8. perro	13. rio
4. lapiz	9. pais	14. ordenes
5. facilmente	10. frio	15. democrata

En ese momento se oscurece la sala casi completamente durante un momento y después empieza a iluminarse poco a poco el centro del escenario.

En el centro destaca la figura femenina de una bailaora con su vestido largo de vuelo y de color rojo, con los brazos cruzados abajo y la cabeza baja. Detrás de ella, se ve la figura de un bailaor con sus pantalones negros y chaqueta corta también negra.
Detrás de ellos les sirven de acompañamiento sentados en dos sillas un hombre con una guitarra y otro que toca las palmas.

ÜBUNG 16 !

Übung 16: Unterstreichen Sie die fünf Verlaufsformen, die sogenannten Gerundios!

Carmen empezó a subir los brazos lentamente y a bailar mientras el bailaor la seguía en sus movimientos. Sus caderas se movían al ritmo de las palmas y su manos y dedos parecían pájaros aleteando al viento.
Mientras que los brazos de Carmen se movían en todas las alturas, los de su acompañante se mantenían bajos.
Los dos cuerpos rodeándose, girando uno alrededor del otro, esquivándose y llamándose.

A Bea el baile le pareció una explosión multicolor, alegría y drama, belleza y agresividad. Estaba entusiasmada con la actuación.
El baile duró aproximadamente media hora. Después el bailaor se retiró y dejó a Carmen que bailó sola una pieza más.
Sus movimientos transmitían al público la elegancia y la pasión del flamenco. Subiéndose algo la falda dejaba ver el rápido taconeo de sus zapatos marcando el ritmo de la música.
Al cabo de un rato finalizó el baile y Carmen se retiró cansada pero saludando al público que aplaudía puesto en pie. Tras esa sonrisa alegre asomaba ya su destino fatal, sin que ella imaginase que esa sería la última actuación de su vida.

*Übung 17: Setzen Sie die Präpositionen **para** oder **por** ein!*

1. __________ ganar dinero tienes que trabajar mucho.
2. Salimos __________ Madrid mañana por la noche.
3. Cambió su casa __________ un yate.
4. Hay paella __________ cuatro personas.
5. ¡Gracias __________ tu regalo!
6. Luchó __________ la libertad.
7. __________ dejar de fumar hay que tener mucha voluntad.
8. Lo compré __________ 50 euros.
9. Cruzó la calle __________ el paso de cebra.
10. ¡Discúlpeme __________ llegar tarde!
11. ¿ __________ qué sirve este botón?

Luis se acercó a ellos con la comida y después de servirla los dejó solos.
-¡Menos mal! -exclamó el comisario-. Tengo un hambre de muerte.
-¡Yo también! -dijo Bea-. Y estos boquerones están riquísimos.
-Ha sido una gran idea venir a este sitio -dijo Bea-. Me ha encantado el espectáculo y la comida es excelente.
-Sí, Carmen es una gran bailaora, siempre que vengo me emociona su arte. Tiene duende.
-¿Duende? ¿Qué es eso? -preguntó Bea interesada.
-Es una palabra que se usa en el flamenco para definir la calidad de alguien que interpreta su arte con un don especial, con capacidad de transmitir emociones al público, ¿entiendes lo que quiero decir?
-Bueno, más o menos -dijo Bea mordiendo una croqueta.
-Lo entenderás mejor cuando te familiarices un poco más con el flamenco.

-Eso espero -contestó Bea y cambió de tema -. El chico tampoco lo hacía nada mal ¿no?
-No, no, también ha estado bien -dijo García sonriendo.

Después de media hora de descanso el público comenzó a impacientarse porque la segunda parte de la actuación se retrasaba.
El comisario le preguntó a Luis por el motivo del retraso.
-No estoy seguro pero creo que le ha ocurrido algo grave a Carmen.
-¿Qué le ha pasado? -preguntó García preocupado.
-José, quizás... ¿te importaría acompañarme al camerino de Carmen? -preguntó Luis-. Allí está el jefe y podrá explicarte mejor lo que ha pasado.
-¡Claro que no! -contestó el comisario-. ¿Vamos, Bea?
-Sí, claro.

! ÜBUNG 18

Übung 18: Lesen Sie weiter und setzen Sie die fehlenden Präpositionen ein! ***(a, para, por, del, con, de, a, del, a, de, en, de, para, de)***

Siguiendo (1.) ______ Luis salieron (2.) ______ tablao (3.) ______ un lado (4.) ______ escenario, bajaron algunos escalones y atravesaron un pasillo largo (5.) ______ muchas puertas (6.) ______ los lados que daban (7.) ______ los camerinos (8.) ______ los artistas. (9.) ______ esa zona había mucho movimiento (10.) ______ cantaores y bailaores que iban (11.) ______ un lado (12.) ______ otro preparándose (13.) ______ su actuación u observando la actuación (14.) ______ sus compañeros.

En ese momento se podía notar una cierta inquietud entre ellos. Seguramente estaban preocupados por Carmen ya que a nadie podía escapársele el hecho de que la segunda parte de la actuación ya debería haber comenzado y Carmen no aparecía.
Luis llevó al comisario y a Bea hasta una de las puertas que estaba cerrada y tocó con los nudillos. Desde dentro se oían voces.

Übung 19: Bilden Sie aus dem Adjektiv das passende Adverb!

1. natural ....
2. fácil ....
3. rápido ....
4. general ....
5. eficaz ....
6. sencillo ....
7. silencioso ....
8. tranquilo ....
9. lento ....
10. común ....
11. amable ....
12. cariñoso ....

-¿Quién es?
-Soy Luis, vengo con el comisario García -contestó.
-Que pase, por favor -se oyó la voz del dueño del local.

Übung 20: Unterstreichen Sie die Synonyme dieser Wörter im Text!
(esposa, turbados, afligida, propietario, otra vez, particular, atemorizados)

El dueño del tablao se llamaba Paco López y estaba en el camerino de Carmen acompañado por Ana, su mujer, que le ayudaba con el negocio, Antonio, el bailaor que había actuado con Carmen esa misma noche, y María, la hermana de ésta.
Luis -el camarero- dejó a Bea y al comisario allí y se fue de nuevo.
Bea y García se encontraron en el camerino con una escena un poco extraña.
María -la hermana- lloraba desconsolada y el resto de los presentes parecían sorprendidos y algo asustados.

-Comisario, me alegro de que esté aquí -dijo López con aire aliviado.
-¿Qué ha pasado? -preguntó García.
López miró a Bea interrogativamente.
-Ay, perdón, le presento a la señorita Schramm -se disculpó el comisario-. Es de la policía alemana. Colaboramos juntos en un programa de cooperación internacional.
-¡Encantado! Me llamo Paco López y esta es mi mujer Ana -se presentó López dándole la mano a Bea.
Después continuó presentando a María que estaba sentada a un lado y a Antonio el bailaor.
Bea los saludó a todos y, mirando a Antonio, dijo
-A usted lo conozco. Es el bailaor que ha actuado con Carmen.
-Sí, en efecto -contestó Antonio-. Es muy halagador que se acuerde de mí.
Era un joven de aspecto agradable, moreno, alto y con ojos verdes de mirada penetrante y sonriente. Bea no habría olvidado fácilmente una cara tan atractiva.

-Ya, es que me ha gustado mucho cómo ha bailado -acertó a contestar Bea algo confusa.
-Muchas gracias -respondió Antonio.
-Bueno, bueno y ¿qué ha pasado aquí? -interrumpió el comisario un poco celoso.
-Lo que ha pasado -explicó el dueño del tablao- es que alguien ha asesinado a Carmen.
Se oyó un nuevo sollozo de María.

*Übung 21: Setzen Sie **muy** oder **mucho (-a, -os, -as)** ein!*

ÜBUNG 21 !

1. Trabajaba ____________.
2. Está ____________ ocupada.
3. ¡Hay ____________ nieve en la carretera!
4. La encontré ____________ triste.
5. Te quiero ____________.
6. El invierno ha sido ____________ largo.
7. Carlos tiene ____________ amigos.
8. Me han regalado ____________ cosas.

-¿Un asesinato? -preguntó Bea realmente sorprendida.
-Sí, eso creemos. Lo que es seguro es que está muerta y que hace apenas media hora estaba viva y bailando en el escenario.
-¿Qué cree que ha podido ocurrir? -preguntó el comisario.
-Pues, no estamos muy seguros pero creemos que alguien ha entrado en el camerino cuando ella se arreglaba para la segunda parte de su actuación y la ha estrangulado.
-¡Pero eso es horrible! -exclamó Bea.

-Sí, estamos todos sobrecogidos por este suceso.
-¡Ayayayay, Dios mío! ¡Qué tragedia! ¡Mi pobre hermana! -María irrumpió en un desconsolador llanto.
-¿Dónde está el cadáver? -preguntó Bea.
-Aquí mismo -dijo López señalando el sofá situado detrás de un biombo.

ÜBUNG 22 !

Übung 22: Welches Wort passt zur Erklärung? Setzen Sie ein!
(camerino, consejo, suceso, actuación, cadáver, estrangular)

1. Algo importante que ocurre inesperadamente es un ______________.
2. Los artistas necesitan un ______________ para cambiarse de ropa.
3. ______________ es matar a alguien presionándole el cuello.
4. Cuando un cuerpo muere se convierte en ______________.
5. Los artistas realizan una ______________ sobre un escenario.
6. Un ______________ es dado por personas que saben mucho sobre un tema concreto.

Bea y el comisario se acercaron al cadáver. El comisario se inclinó sobre el cuerpo inmóvil para inspeccionarlo detenidamente. Mientras Bea echaba un vistazo a la escena del crimen.
-Parece que muestra señales de estrangulamiento -confirmó el comisario señalando unas marcas en el cuello del cadáver. Aunque haya que esperar a los resultados oficiales de la autopsia me parece que el estrangulamiento es la causa probable de la muerte de Carmen.
-¿Por qué han matado a mi hermana? -gritó de nuevo María llorando-. ¿Quién ha podido hacerle esto?

María se derrumbó sollozando. El dolor apenas la dejaba respirar y los lamentos y las preguntas salían de su tembloroso cuerpo mezclados con lágrimas, lamentos y amargura.
-Siento mucho lo que ha pasado -contestó Bea-, pero le aseguro que averiguaremos quién ha matado a su hermana.
Se agachó para ayudar a María. La acompañó hasta un sillón y la hizo sentarse en él para que se tranquilizara.
-¿Quién se ha encontrado con el cadáver? -preguntó el comisario, al que estas escenas siempre le ponían algo nervioso. Ni le gustaban los muertos ni mucho menos los familiares y amigos de los muertos que se ponen histéricos. Comprendía el dolor, pero nunca sabía qué hacer en esos momentos.
-Antonio fue el primero que entró en el camerino y descubrió el cadáver -apuntó López.
Antonio asintió con la cabeza, dando a entender que la afirmación de López era verdad.
-¿Tenía enemigos su hermana? -preguntó Bea.
-¿Enemigos? ¿Mi hermana? -preguntó sorprendida María-. Mi hermana era la persona más buena del mundo, siempre alegre y amable con todo el mundo.
Todos los que estaban en la habitación confirmaron la opinión de María. Carmen había sido siempre, sin duda, una buena chica.

Übung 23: Ersetzen Sie das Substantiv durch ein Pronomen!

1. El ladrón se ha llevado *la figura de jade*.

---

2. Carmen consiguió un trabajo *para María*.

---

3. No tengo *el pañuelo negro.*

....

4. El caso sorprendió *a Bea y al comisario.*

....

5. "La guitarra" convirtió *a Carmen* en una famosa artista.

....

6. María hizo *un buen trabajo.*

....

Además de una buena bailaora había sido una buena hermana que se ocupó de María y le consiguió un trabajo con ella, como asistente de camerino.

-Era muy buena bailaora y nada vanidosa, nos daba buenos consejos a todos sus compañeros, que la apreciábamos mucho, como persona y como artista -dijo Antonio.

-Un momento, Bea -dijo el comisario tocándose la barbilla-. Quizá la persona que mató a la bailaora en realidad no tenía intención de matarla sino que se vio sorprendido cuando estaba en el camerino.

-¿Y qué podía estar haciendo en el camerino? -preguntó Antonio.

-No lo sé -contestó García-. Puede que sólo quisiera robar.

-¿Han echado ustedes algo de menos? -preguntó Bea.

-Pues no -contestó López.

-Sí -dijo María-, en esta habitación falta algo.

-Bueno, ¿qué falta? -preguntó el comisario.

-Una figurita de jade -contestó María.

-¿Una figurita de jade? -preguntó Bea.

-Sí, era la figurita de una sevillana bailando tallada en jade que mi padre le había regalado a Carmen el día de su primer gran éxito -explicó María.

Übung 24: Lesen Sie weiter und setzen Sie die fehlenden 16 Akzente!

El comisario dirigio a Bea una mirada de complicidad y le dijo:
-Bea, creo que tenemos un nuevo caso que resolver.
-Si, yo tambien lo creo, puesto que ha sido robada una obra de arte.
Ambos deseaban involucrarse en este caso. El robo de la figura les daba la posibilidad de intervenir ya que el asesinato era terreno de la brigada de homicidios.
-Pero ¿por que el ladron mato a mi hermana? -pregunto Maria.
-Probablemente su hermana sorprendio al ladron cuando entro en el camerino a descansar e intento evitar que se llevara la figurita -explico el comisario-. El ladron mato a Carmen para evitar que lo delatase gritando y luego huyo con la figurita.

-Por lo que parece la figurita debe ser muy importante para él -confirmó Bea.
-Sí, lo suficientemente importante como para cometer un asesinato -añadió el comisario.
Todas las personas que estaban en la habitación parecían bastante alteradas por esa conclusión.
Realmente, era una desgracia que Carmen hubiera muerto.
Pero aún resultaba más trágico que muriera de esa manera, por culpa de una figurita de jade y un ladrón torpe que no había sabido hacer su trabajo limpiamente.

Übung 25: Ersetzen Sie die kursiv gesetzten Wörter durch persönliche Pronomen ohne Präposition!

1. Lo compró *para mí.*

2. Lo compró *para usted.*

3. Lo ha comprado *para él.*

4. Lo compra *para nosotros.*

5. Lo compró *para vosotros.*

6. Lo compra *para ellas.*

-Me alegraría mucho que ustedes se ocuparan de este asunto -dijo López-. Les ruego que lo hagan con la mayor discreción posible para que nuestro público no se asuste y deje de venir a ver a nuestros artistas. Imagínese lo que puede significar esto para el negocio. Ay mi madre…

-¡Por la virgen del Rosario! -exclamó asustada Ana, la mujer del empresario-. Si nuestros clientes se enteran de esto dejarán de venir y eso supondría la ruina absoluta para nosotros.

-No se preocupen -les tranquilizó Bea-. Actuaremos con total discreción. Estamos especializados en robos de arte y en ese ámbito la discreción es fundamental. ¡Descuide!

-Lo mejor será decirle al público que Carmen está enferma y no puede continuar la actuación -dijo García.
-Muy bien, yo me encargaré de eso -decidió López.

Übung 26: Lesen Sie weiter und übersetzen Sie die Wörter in Klammern!

Paco López tenía unos cincuenta años, estaba un poco (1. dick) ________ y tenía poco pelo en la (2. Kopf) ____________. Era muy (3. sympathisch) ______________ y atento con los (4. Kunden) _________ pero con sus empleados perdía a menudo los nervios y les gritaba por cualquier (5. Grund) _________.

Ana, su mujer, llevaba las cuentas del (6. Geschäft) _________. Era una mujer (7. klein) ___________, con el pelo castaño y siempre tenía la (8. Gesicht) _______________ algo sudorosa. Vestía de forma muy tradicional y era más bien callada. Hacía muy bien su (9. Arbeit) ________________ y apoyaba a su marido en todas sus (10. Entscheidungen) __________ aunque éstas fueran equivocadas.

En ese momento a Bea se le ocurrió algo.
-José, ¿y si el asesino estuviese aún en el tablao? -se preguntó Bea-. El cadáver aún está caliente y no ha pasado mucho tiempo desde que Carmen entró en su camerino a descansar.
-Tienes razón, es posible que el asesino esté aún en la sala intentando pasar desapercibido entre los espectadores.

Übung 27: Lesen Sie weiter, unterstreichen Sie die Verben im Konditional I, Indefinido, Imperfekt und ordnen Sie sie danach richtig zu!

Bea, el comisario y López salieron juntos del camerino y se dirigieron a la sala donde estaban los espectadores.
Los aficionados al flamenco estaban ya algo impacientes por el retraso de la actuación y algunos empezaban a dar silbidos de desaprobación. López subió al tablao para comunicarles a los clientes que Carmen no podría actuar esa noche por razones de enfermedad. La actuación de la bailaora sería sustituida por la de otro bailaor, por Antonio, acompañado solamente por una guitarra. Fue difícil convencer a Antonio de actuar en esas circunstancias, pero comprendió que esa sería la mejor manera de homenajear a Carmen. Con su actuación le daría a la pareja de policías algo más de tiempo para tratar de localizar al asesino entre el público.
Bea y el comisario observaron a los espectadores desde una esquina de la sala intentando descubrir algo extraño, algún detalle que delatase al criminal.

1. Indefinido: compré

____

2. Imperfekt: compraba

____

3. Konditional I: compraría

____

La sala estaba llena de gente y el humo y la falta de luz aún dificultaban más la misión de encontrar a algún sospechoso. Máxime cuando ni siquiera sabían a quién buscaban. ¿Hombre?, ¿mujer?

A Bea le ardían los ojos del humo y repasaba una y otra vez los espectadores sentados en la sala. No había nada que le pareciese especialmente sospechoso. Quizás buscaban a alguien que ya había abandonado el local. Puede que esta vez el comisario estuviera equivocado.

García estaba convencido de que aún seguía allí. Habría llamado la atención saliendo del tablao antes de que empezara la segunda parte del espectáculo. Y además suponía que tenía que ser un hombre. Al fin y al cabo había matado a una bailaora flamenca, de mucho carácter y muy en forma.

El comisario se dio cuenta de que Bea estaba concentrada en el público, de manera que él se fijó en los demás personajes de la sala. Y al instante se percató de algo sospechoso.

-¡Ahí está! -exclamó el comisario señalando con la mirada a un hombre que estaba medio oculto detrás de una columna de la sala.

En efecto, al fondo de la sala, muy cerca de la escalera de salida se encontraba un personaje algo extraño.

-Parece como si quisiera pasar desapercibido -confirmó Bea.

-Sí, y su aspecto es poco usual -continuó el comisario.

Übung 28: Lesen Sie weiter und übersetzen Sie die Wörter in Klammern!

El hombre llevaba una gabardina clara muy (1. lang) ______ a pesar del (2. Hitze) ________ que hacía en la sala y una (3. Bart) _______ pelirroja muy descuidada que le ocultaba casi toda la cara.

Se hacía pasar por un (4. Verkäufer) ________________ ambulante y llevaba colgada del cuello una (5. Tablett) ________________ grande con muchas figuras africanas de madera tallada.

Bea y el comisario podían ver entre las figuras que aquel hombre llevaba una que no se parecía a las demás.

¡Se trataba de una figura de jade que representaba a una sevillana en posición de baile!

Las (6. Blicke) __________ del hombre y el comisario se cruzaron.

El (7. Mörder) __________ sabía que había sido descubierto.

-Es él, sin duda – dijo Bea-. ¡Vamos allá!
Bea y García se dirigieron hacia el lugar donde estaba el hombre de la gabardina.
Éste empezó a correr atropelladamente en dirección a la puerta de salida. Saltó por encima de piernas y sillas derribando mesas y avanzó rápidamente entre el gentío del tablao.
Bea y el comisario siguieron corriendo hacia el asesino para intentar atraparlo antes de que llegara a la salida pero el local estaba tan lleno de gente que les resultaba muy difícil avanzar con rapidez. El sospechoso se les iba a escapar.
Cuando finalmente llegaron a la salida y consiguieron salir a la noche fresca y estrellada vieron desaparecer al asesino detrás de una esquina.
-En fin -dijo el comisario con un suspiro-, tendremos que empezar a correr tras él.
-No te quejes José -dijo Bea sonriendo-. Algo de movimiento te vendrá bien para la salud.
-Sólo me pregunto por qué tenemos que correr siempre detrás de los delincuentes -se quejó el comisario-. Si hubiera deseado estar corriendo todo el día habría elegido otra profesión.
-¡Vamos José! -exclamó Bea metiendo prisa al comisario-. Si no le seguimos inmediatamente escapará.

-Parece que se dirige hacia la Rambla -dijo el comisario empezando a moverse.
-Sí, ha tomado la calle Ferrán.
-Bea, lo mejor será que yo busque un atajo para sorprenderlo por delante mientras tú corres tras él -propone el comisario.
-Muy bien -consintió Bea riendo-. Nos repartiremos la tarea como es habitual.

Übung 29: Bilden Sie den Imperativ!

1. ¡(tener) ________________ usted!
2. ¡(tomar/tú) ________________ nota!
3. ¡(quedarse/usted) ________________ con la vuelta!
4. ¡(hablar/ustedes) ________________ más despacio!
5. ¡(beber/vosotras) ________________ todo el vino!
6. ¡(subir/tú) ________________ las escaleras con cuidado!

Bea empezó a correr hacia la Rambla. En una esquina encontró la gabardina y la bandeja con las figuras que el asesino había dejado caer para poder correr mejor.
Entre las cosas que encontró no estaba la figura de jade por lo que Bea supuso que aún estaba en poder del asesino.
Bea estaba en buena forma física y el comisario, que había tomado otro camino, conocía las calles del Barrio Gótico muy bien.
Gracias a ello lograrían alcanzar al asesino en poco tiempo.
El comisario encontró al asesino en una esquina cerca de la Boquería y le cortó el paso intentando detenerlo.
-¡Policía! -gritó García-. ¡Deténgase!

El asesino, sorprendido, reaccionó rápidamente dándole al comisario un golpe en la barriga.
García se quedó algunos segundos doblado en el suelo sin respiración.
-¡José! -gritó Bea que llegaba corriendo desde atrás en ese momento.
Bea intentó usar una llave de Yudo para inmovilizar al hombre de la barba pelirroja pero era un tipo bastante fuerte y se deshizo de ella empujándola.
La joven oficial cayó al suelo y cuando se levantó se dio cuenta de que el asesino había salido corriendo.
En la huida tuvo que dejar atrás la figura de jade que había caído al suelo durante la pelea.
Ya de pie Bea comprobó que su chaqueta se había roto en la lucha con el sospechoso y se acercó al comisario que seguía en el suelo.
-¿Cómo estás? -preguntó Bea al comisario.
-Bueno, he tenido días mejores -contestó el comisario levantándose lentamente del suelo-. ¿Y tú? ¿Estás herida?
-No, no. Estoy bien. -respondió Bea mientras ayudaba al comisario que seguía cansado de la persecución-. Pero parece que por esta vez se nos ha escapado.

ÜBUNG 30 !

Übung 30: Lesen Sie weiter und unterstreichen Sie die Synonyme der folgenden Wörter im Text: ***extraordinario, gema, ensimismado, dueña, asesinar, evaluar!***

García asintió algo distraído, avanzó unos pasos y se agachó para recoger la figura del suelo. Se quedó estudiando la figura de jade que había llevado a la muerte de su propietaria.
-¡Qué raro! -dijo Bea-. No parece que esta figura tenga tanto valor como para matar a una persona. No le veo nada especial y no parece excesivamente antigua.

-Tienes razón -confirmó García observando la figura-. Yo creo que podría ser valorada como máximo en unos mil euros. Eso teniendo en cuenta el valor del material, que es una piedra preciosa, y el de la talla.

-No es una suma de dinero tan importante como para matar a nadie. ¡Pobre Carmen!
-Si esta figura es tan importante para el asesino, éste no se rendirá tan fácilmente y volverá a buscarla -reflexionó el comisario-. ¡Vigilando la figura, sorprenderemos al asesino cuando intente robarla de nuevo y lo atraparemos!
El comisario y Bea regresaron exhaustos al tablao flamenco con la figura de la sevillana en la mano.

Al llegar se encontraron con el dueño del local y con la policía que se llevaba el cadáver de la bailaora asesinada.
-¿Qué ha pasado? -preguntó López ansioso.
-Se nos ha escapado el asesino pero hemos recuperado la figura.
-¿Y qué pasará ahora?
-Anunciaremos a la prensa que se ha recuperado la figura y que vuelve a estar en el lugar del que fue sustraída. Dejaremos la figura en el camerino de Carmen y lo vigilaremos hasta que el asesino vuelva a buscarla -dijo Bea.
-¡Espero que sea así y que esto se resuelva lo antes posible! -exclamó López preocupado.
-No se preocupe -respondió García-. Ahora lo mejor será que Bea y yo nos vayamos a descansar. Mañana será un día muy largo y tenemos que dormir un poco.
-¡Claro! -dijo López.
-Le dejaremos a un agente de policía para que vigile esta noche el camerino y mañana volveremos -dijo Bea.

-¡Me parece muy bien!
-¡Ah! Creo que aún le debemos el dinero de la cena -comentó Bea.
-¡Por Dios, no se preocupe! ¡Invita la casa! -repuso el preocupado dueño del local.
-Pues ¡muchas gracias!
-Muchas gracias a ustedes por su ayuda -sonrió López.

! ÜBUNG 31

Übung 31: Erweitern Sie Ihren Wortschatz! Wie heißen diese Körperteile auf Spanisch?

1. Nieren ____________________
2. Augenbrauen ____________________
3. Hüften ____________________
4. Fingernagel ____________________
5. Haar ____________________
6. Knie ____________________
7. Kinn ____________________
8. Stirn ____________________

El comisario y Bea se dirigieron al coche para irse a casa.
-¡Menuda nochecita! -suspiró García agotado.
-Sí…-contestó Bea pensativa-. No pensé que íbamos a tener que trabajar. Yo creía que me invitaba a una cena privada -ironizó Bea. Qué desgracia que hayan asesinado a esa gran artista.
-Bueno, y que nos hayan estropeado la cena -bromeó el comisario-. ¡Con lo buena que estaba!
-Ya lo recuperaremos en otro momento, comisario.

Übung 32: Ordnen Sie die Wörter zu einem sinnvollen Satz!

1. es – Barrio Gótico – muy – el – bonito

____

2. ¿visto – ya – Museo – del – has – Prado – el?

____

3. calor – oficina – Ana – mucho – en – de – hacía – la

____

4. te – no – hace – veo – mucho – que – tiempo

____

5. el – ha – bien – salido – proyecto – muy

____

6. cosas – que – muchas – hay – gustaría – me – saber

____

7. despistados – los – muy – investigadores – están

____

Al día siguiente llovía intensamente en Barcelona. El día amaneció de color plomo, las calles inundadas. Toda la belleza mediterránea de la ciudad se la llevaba el agua cuando llovía. Los alegres ruidos se convertían en rumores amortiguados. Las calles, el transporte, la gente, nada estaba preparado para la lluvia.
Las gotas de lluvia golpeaban rabiosamente la ventana de la comisaría donde Bea y García hablaban con su jefe, Almodóvar, sobre el nuevo caso que se les presentaba.

-Bueno, lo mejor que podéis hacer ahora es interrogar a las personas que trabajan en el tablao -dijo el jefe-. Posiblemente alguna de ellas tenga algo que ver con el asesinato.
-Claro, de lo contrario el asesino no habría sabido que la figura se encontraba en el camerino de Carmen -confirmó Bea.
-Sí, pero hay una cosa que no encaja -comentó García-. Todos los empleados del tablao estaban trabajando allí esa noche…
-Entonces, la persona a la que estuvimos persiguiendo tiene que ser alguien ajeno al tablao, es decir, alguien que no trabaja allí -terminó Bea.

! ÜBUNG 33

Übung 33: Bilden Sie die 1. Person Singular der folgenden Verben in der Präsensform!

1. acostarse ____________
2. poder ____________
3. venir ____________
4. encontrar ____________
5. pensar ____________
6. traer ____________
7. preferir ____________
8. hacer ____________
9. tener ____________
10. conocer ____________
11. ir ____________

El jefe de policía se levantó de la silla y caminó pensativo por el despacho. El mobiliario era bastante viejo y todo parecía polvoriento, un escritorio de metal gris con cajoneras verdes a ambos lados y sillas de chapa marrón y patas metálicas. En las estanterías se acumulaban archivadores y algunos libros desordenados y que debía hacer siglos que no se tocaban. Todo presentaba un aspecto tristón que se intensificaba por la poca luz que entraba por la ventana.

-Interrogad primero a María, la hermana de Carmen -pidió Almodóvar-. Estará mejor informada sobre la figura y sobre las personas que conocían su existencia. Pero también debéis recordar que todos son sospechosos.

-¡Muy bien! -respondieron Bea y el comisario al mismo tiempo.

Ambos se despidieron del jefe y salieron de la comisaría para dirigirse en coche a “La guitarra”.

Aparcaron el coche un poco lejos y tuvieron que ir andando unas pocas manzanas hasta llegar al tablao. García se quitó la chaqueta y la puso a modo de paraguas sobre la cabeza de Bea y la suya, pero el efecto era más bien poco por no decir peor.

Cuando llegaron a “La guitarra” el comisario bajó la chaqueta y toda el agua acumulada cayó sobre sus cabezas, colándose por el cuello de la camisa.

Estaban completamente mojados por la lluvia. Bea agradeció a García su gentileza mientras el comisario se disculpaba y trataba de arreglar la situación que había creado.

-¡Vaya! -exclamó el comisario-. ¡Menudo chaparrón! -y mirando a Bea-. Estás muy guapa con el pelo mojado.

-¡Gracias! -dijo Bea un poco ruborizada y recogiéndose la melena rubia en una cola de caballo.

Übung 34: Erweitern Sie Ihren Wortschatz! Wie lautet das Gegenteil?

1. inteligente ....
2. eficiente ....
3. alto ....
4. largo ....
5. dulce ....
6. incómodo ....
7. rubio ....
8. verdad ....
9. juventud ....

Bea era una chica inteligente, eficiente y tenaz. Era alta y tenía unos treinta años, una melena larga y rubia y ojos de un azul intenso y mirada dulce que hacían imposible que alguien se enfadara con ella. Para los españoles, era el prototipo de mujer alemana y los hombres se sentían atraídos por ella. Recibía piropos y miradas pícaras en todas partes. Al principio eso la hacía sentirse incómoda, pero con el paso del tiempo se había ido acostumbrando. Ahora pensaba que lo echaría de menos cuando regresase a su país.

-Antes de ir al tablao te propongo desayunar algo -dijo García.

-Sí, yo también tengo hambre. Podemos comer algo rápidamente y después vamos al tablao.

-Muy bien. Un café nos vendrá bien y podremos comer algo para que no te falte el desayuno. Ahora, eso sí, nada de cereales o tostadas con mermelada, sino un desayuno español -aclaró García.

Bea y el comisario encontraron una cafetería de camino al tablao y pidieron un pincho de tortilla, calamares y ensaladilla rusa para comenzar el día. Bea ya se había acostumbrado a los desayunos a media mañana del comisario.

*Übung 35: Benutzen Sie die Wörter **bien** oder **bueno** **(buen, -o, -a, -os, -as)!***

1. Carmen no estaba ____________ de salud.

2. Su salud no era ____________.

3. La brisa marina me sienta ____________.

4. Carlos es muy ____________.

5. La película está ____________ hecha.

6. Sus notas no eran ____________.

7. ¡____________ días!

Cuando llegaron a "La guitarra" ya era casi mediodía. El tablao estaba vacío y todo recogido. Las sillas estaban sobre las mesas y Luis detrás de la barra limpiando vasos.
-¡Hola Luis! -saludaron Bea y García.
-¡Hola!
-¿No abrís el local a mediodía?
-Sí, claro. Dentro de un rato abriremos pero no hay actuaciones a mediodía, sólo cocina.
-¡Estupendo! -pensó el comisario.
-¿Podemos pasar a los camerinos? -preguntó Bea-. Nos gustaría hablar con María.

-Por supuesto. María está en los camerinos.
-¡Gracias!

ÜBUNG 36 !

Übung 36: Bilden Sie die Passivform dem Beispiel folgend!

1. Velázquez pintó el cuadro "Las Meninas".
   El cuadro "Las Meninas" fue pintado por Velázquez.
2. El perro mordió al niño.
   ....
3. La policía capturó al asesino.
   ....
4. La guerra destruyó el país.
   ....
5. La Academia propuso a un desconocido para el Premio Nóbel.
   ....
6. El temporal destruyó las casas.
   ....

María estaba sentada en el tocador de Carmen, ordenando sus cosas. Tenía aspecto de cansada, probablemente no había dormido en toda la noche. Sus ojos color miel estaban enrojecidos por el llanto y su rostro moreno parecía tan triste como aquel día de lluvia.
-¡Hola María!
-Ah, hola.

-¿Cómo está? -preguntó Bea.
-Regular, pero tratadme de tú, por favor.
García se sorprendió un poco, pero aceptó tácitamente.
-Hemos venido a hacerte algunas preguntas -dijo el comisario.
-¡Desde luego! -contestó María-. No hay ningún problema. Me gustaría que esto se resolviese lo antes posible para saber quién ha sido el desgraciado que ha matado a mi hermana.
El comisario y Bea empezaron a hacerle preguntas a María.
-¿María, dónde estabas cuando asesinaron a tu hermana?
-Espero que no creáis que yo…
-María, tenemos que hacerte todas las preguntas que sean necesarias -advirtió Bea-. Es pura rutina.

Übung 37: Lesen Sie weiter und finden Sie die spanische Übersetzung folgender Wörter: ***1. sich schminken 2. sich vorbereiten 3. sich anziehen 4. sich kämmen 5. unterhalten 6. helfen 7. bezahlen 8. Lohn!***

! ÜBUNG 37

-Está bien, está bien… Estaba ayudándola a prepararse para la segunda parte de su espectáculo. Yo era su asistente en el camerino, es decir, la ayudaba a vestirse, a peinarse y a maquillarse, le ordenaba su ropa e intentaba satisfacer todos sus caprichos. Si tenía hambre, iba a buscar comida, si estaba aburrida la entretenía leyendo o jugábamos juntas a las cartas. En fin, prácticamente vivíamos juntas, yo la ayudaba en lo que podía y ella me pagaba un sueldo.

-¿Cómo te llevabas con ella?
-¡Muy bien! -contestó María-. Bueno, a veces teníamos roces…lo normal cuando se pasa mucho tiempo con otra persona, pero yo la quería mucho…

-¿Qué pasó la noche del asesinato? -preguntó el comisario.

-Pues, como decía, estaba ayudándola a vestirse. Ella quería ponerse su pañuelo de seda negra bordado y no lo encontrábamos por ningún lado. Así que salí a buscar otro pañuelo al camerino de otra bailaora.

-¿Cuánto tiempo estuviste fuera del camerino?

-Pues… un rato porque me costó encontrar un pañuelo.

-¿Había muerto Carmen cuando llegaste a su camerino?

-Sí, cuando llegué aquí ya estaba Antonio que había venido a buscarla y ella estaba muerta en el sofá.

Bea y el comisario se miraron.

-Bueno, ¿qué sabes de la figura de jade?

-No mucho. Se trata de una figura de poco valor, no entiendo por qué querían robarla.

-¿De dónde sale esa figura?

-Nuestro padre se la regaló a Carmen antes de morir.

-¿Vuestro padre?

-Sí, mi padre también era un artista del flamenco. Era cantaor de cante jondo. En los años sesenta era bastante conocido. Cuando murió la noticia salió en todos los periódicos.

-¿De qué murió tu padre?

-Mi padre murió en un accidente de tráfico. El pobre murió bastante joven y nos dejó solas muy pequeñitas.

-¿Y tu madre?

-Mi madre murió de cáncer antes que mi padre, y nosotras nos quedamos viviendo con mi abuela.

-¡No has tenido una infancia muy fácil! -se sorprendió Bea.

-No, y no sé que habría hecho yo sin mi hermana. Nunca tuve talento para el flamenco y ella me dio este trabajo para poder subsistir.

Además aquí podía estar cerca de ella y del tablao que ha sido siempre lo más importante en mi vida.

Übung 38: Lesen Sie weiter und ordnen Sie die Buchstaben in Klammern zu einem sinnvollen Wort!

Bea cogió la (1. irfuga) ________________ de jade que estaba en el

(2. adotroc) __________ y la miró pensativa. Se preguntaba cuál erael

(3. rotesce) _________ escondido en ella. Para todos ellos aún era un

(4. iomestri) ____________.

Bea y el comisario se despidieron de María y salieron del camerino.

Al pasar por el (5. blatoa) _________ en dirección a la (6. rupeta)

________ se encontraron de (7. vueno) __________ con Luis.

-Bueno, Luis, nos vamos.
-¿Os vais? ¿No queréis tomar nada?
-Bueno, querer, lo que se dice querer… sí -contestó el comisario.
-José, aún tenemos mucho trabajo por hacer. No podemos entretenernos -intervino Bea-. Además, volveremos más tarde… -añadió intentando consolarlo.
Ya solos, Bea le preguntó al comisario
-¿Qué te ha parecido la declaración de María?
-No lo sé. La forma de morir de su padre me parece un poco extraña y ¿por qué le dio la figura a Carmen antes de morir? -se preguntó el comisario-. Lo mejor será ir a la biblioteca y consultar algunos periódicos viejos.
Bea y el comisario se dirigieron en coche a la biblioteca del fondo periodístico.
Allí había una gran hemeroteca con copia en microficha de la prensa del siglo XX.

A esas horas siempre había mucho tráfico en el centro de Barcelona pero en los días de lluvia se volvía realmente insoportable. Los coches estaban parachoques con parachoques, pegados unos a otros rellenando todo el espacio de las vías del centro. Los barceloneses tocaban desesperados el claxon como si aquello fuese a disolver inmediatamente el atasco.

Quedaba el carril bus, reservado para el transporte público y para casos de urgencia, pero ellos no se encontraban en una situación de emergencia.

Así que tuvieron que esperar pacientemente.

Finalmente consiguieron llegar.

García saludó con gesto rutinario a una bibliotecaria que parecía conocerle.

-A veces pienso que conoces a todo el mundo -comentó Bea.

-Nada, nada, que ya llevo mucho tiempo en esto. No tiene más mérito que la edad -repuso el comisario modestamente.

Se detuvieron ante la máquina de visionado de microfichas. El comisario sacó de la estantería un álbum gordísimo repleto de microfichas.

-En este álbum debe estar lo que buscamos. En alguna de las miles de fichas habrá un artículo que nos revele algo más acerca del padre de Carmen y María.

ÜBUNG 39 !

Übung 39: Lesen Sie weiter und bilden Sie das Plusquamperfekt der Verben in Klammern!

Empezaron a buscar detenidamente los periódicos publicados el día de la muerte del padre de Carmen y María. Esta última les (1. decir) *había dicho* la fecha exacta de su muerte por lo que la búsqueda no resultó tan imposible como (2. parecer) ______________ al principio.

Finalmente García se topó con la información esperada:

-Aquí está. Me parece que ya lo tengo.

Introdujo la microficha en el lector y pudieron ver el contenido del periódico en la pantalla.

El cinco de abril de mil novecientos sesenta y tres (3. morir) ______________ el cantaor conocido por el nombre de "el Mojama" en un accidente de tráfico. Las circunstancias (4. ser) ______________ algo extrañas: el coche (5. caer) ______________ por un precipicio sin dejar huellas de neumáticos en la carretera.

-Parece que el coche se despeñó sin que el conductor intentase frenar -comentó el comisario.
-Entonces, ¿crees que fue un asesinato? -preguntó Bea.
-No lo sé, pero aquí dice que se sospechaba que "el Mojama" era en realidad…
-¿Qué? -preguntó Bea intrigada.
-…un espía que trabajaba para los rusos -concluyó García.
-¿Un espía? -dijo Bea incrédula.
-Sí, en los años sesenta todavía existía el telón de acero y durante la guerra fría los rusos apreciaban mucho a un hombre que podía viajar por el mundo sin llamar la atención. "El Mojama" daba conciertos en toda Europa y en América.

ÜBUNG 40 !

Übung 40: Bilden Sie die Verlaufsform (Gerundium) folgender Verben!

1. poner poniendo
2. huir ....
3. caer ....
4. creer ....
5 decir ....
6. oír ....
7. poder ....
8. reír ....
9. traer ....
10. venir ....

“El Mojama” fue captado por agentes de la KGB a principios de los años sesenta, precisamente cuando comenzaba su carrera internacional. Hasta ese momento no había tenido contacto con ese tipo de actividades, pese a su declarado interés por cuestiones políticas. Descendía de una familia republicana, moderadamente de izquierdas. Su familia sufrió terriblemente por la guerra civil española en los años treinta del siglo XX. La mayor parte de su familia fue asesinada durante la guerra, mientras que su padre, que había logrado esconderse, fue detenido pocas semanas después de concluir la guerra, en 1939.

Parece ser que fue linchado por la gente de su pueblo, asesinado a palos por sus vecinos y viejos amigos. El miedo y el odio generado por esos años de guerra habían convertido a muchas personas en auténticos salvajes.

Übung 41: Verneinen Sie!

1. ¿Se llama tu madre Lucía?
   No, mi madre no se llama Lucía.
2. ¿Se ducha usted con agua caliente?

____

3. ¿Os levantáis tarde?

____

4. ¿Nos vamos?

____

5. ¿Se han puesto (ustedes) el abrigo?

____

6. ¿Se quedan (ellos) en casa?

____

Por lo que se sabe "el Mojama", siendo aún un niño, fue testigo de ese brutal asesinato.
Bea hizo una mueca de asco y repulsa. García se paró un instante, avanzó unas líneas en silencio y siguió resumiendo lo que leía.
"El Mojama" fue criado por una familia de gitanos que se apiadaron del huérfano y lo acogieron. En el seno de esa familia comenzó a despuntar por su talento musical, especialmente para el flamenco. Descubierto por un agente de Madrid pronto comenzó a dar conciertos en la capital y el resto de España. Durante esos primeros años de éxito no se le conoce actividad política alguna.
Por lo visto fue precisamente en Barcelona la primera vez que tomó contacto con elementos críticos con la política del dictador Franco,

que regía el país con mano de hierro. Tras uno de sus conciertos conoció a algunos de los jóvenes poetas que en esos tiempos dominaban la escena cultural catalana. Jóvenes poetas que iban a ser los descubridores e impulsores de los grandes autores literarios de Hispanoamérica, como García Márquez, Vargas-Llosa o Jorge Edwards.

! ÜBUNG 42

Übung 42: Antworten Sie auf folgende Fragen!

1. ¿Os gustó la obra de teatro?

A nosotros nos gustó la obra de teatro, pero a ellos no les gustó.

2. ¿Te gustaron los regalos?

A mí ____________________, pero a vosotros ____________________.

3. ¿Les gustaron los pasteles?

A nosotros ____________________, pero a usted ____________________.

4. ¿Le gustó a ella el viaje?

A ella ____________________, pero a mí ____________________.

5. ¿Te gustó España?

A mí ____________________, pero a él ____________________.

6. ¿Les gustaron a ellos las novelas?

A ellos ____________________, pero a mí ____________________.

Este grupo de intelectuales críticos con el régimen político reactivaron en él las ideas que le habían transmitido sus padres de niño: justicia social, igualdad de oportunidades y libertad.
Pasaron aún algunos años hasta que en una gira por Austria y Alemania ocurrió algo que hizo cambiar el rumbo de su vida. Fue en Viena donde un amigo del grupo de intelectuales de Barcelona le presentó a un "compañero" mejicano.
El mejicano era un hombre bastante mayor, muy fino y con una gran oratoria. Había sido un conocido agente del *Komintern (una organización internacional comunista fundada en 1919 entre otros por Lenin que tuvo gran influencia política hasta la segunda guerra mundial y fue especialmente activa en la guerra civil española)* conocido por el seudónimo de "Futugo". Sedujo a "el Mojama" en el primer encuentro. Fue ese personaje el que le propuso al cantante flamenco que se uniese a un grupo de acción internacional. Un grupo que tenía como objetivo evitar los abusos del mundo occidental capitalista y contribuir a la justicia universal.

Übung 43: Setzen Sie die passenden Formen von ***este, esta, estos, estas*** *ein!*

1. __________ viajes
2. __________ estaciones
3. __________ mesa
4. __________ ordenador
5. __________ país
6. __________ libros

"El Mojama" enseguida se entusiasmó con la idea. Su experiencia con la dictadura fascista española y la tradición republicana de su familia ya le habían impulsado hacia posiciones de izquierdas. Sin embargo, fue la actitud del mundo occidental y concretamente de los Estados Unidos la que le hizo perder toda esperanza en el liberalismo occidental. Los países que durante la segunda guerra mundial combatieron a la Alemania de los nazis, ahora pactaban con Franco e incluso hacían negocios con él.

ÜBUNG 44

*Übung 44: Setzen Sie die passenden Formen von **ese, esa, esos, esas** ein!*

1. ____________ estación
2. ____________ idioma
3. ____________ ama de casa
4. ____________ señores
5. ____________ pantalón
6. ____________ universidades
7. ____________ ciudad

"El Mojama" accedió sin dudarlo a la propuesta del misterioso personaje mejicano. Esta decisión algo ingenua le iba a costar la vida unos años más tarde.

-Vaya historia -interrumpió Bea al comisario.

-Espera que aún hay más.

No se sabe exactamente en qué misiones participó el agente flamenco pero se conocen al menos dos en las que tuvo un papel destacado.

A mediados de los años sesenta fue invitado a dar un concierto en la embajada italiana en Londres. Esa noche se copiaron multitud de documentos secretos que "el Mojama" se encargó de sacar de la embajada escondiendo los documentos entre las notas y los trastos de los músicos. La misión concluyó con la entrega de documentos a los servicios secretos de la KGB.

La segunda ocasión tuvo aún más trascendencia. Esta vez fue un concierto en Estocolmo. Allí le entregaron un microfilm con información de gran relevancia. Como no tardaría en descubrir, esa calificación se quedaba bastante corta.

Su misión consistía simplemente en llevar el microfilm a Budapest en su próximo concierto. Hasta ese momento debería guardarlo y protegerlo con su vida.

*Übung 45: Setzen Sie **saber** oder **poder** ein!*

1. ¿__________ (tú) andar en bici?
2. ¿__________ (vosotros) cocinar?
3. Sí, __________ (nosotros) cocinar pero hoy no __________.
4. ¿__________ (tú) ir a bailar esta noche?
5. __________ ir a bailar pero no __________ bailar.
6. ¿__________ (vosotros) nadar?
7. Sí, __________ (nosotros) nadar pero no __________ nadar esta tarde.
8. ¿__________ (tú) conducir?
9. Sí, __________ conducir pero no __________ llevarte a tu casa.

Ahí comenzó una auténtica odisea que duró varios años. Todavía en Estocolmo sufrió el primer atentado contra su persona, del que salió afortunadamente ileso. Se sucederían varios "accidentes" más hasta llegar a su casa en Barcelona.
Parece ser que fue un agente portugués el que le relevó el contenido del microfilm. Sea lo que fuera lo que contenía ese diminuto documento tenía que ser algo terrible, porque "el Mojama" decidió no entregarlo en su destino. En su viaje a Budapest le comunicó a su enlace que lo lamentaba mucho pero que había perdido el microfilm. Eso desató la alarma en todos los servicios secretos de detrás del telón de acero. Los servicios secretos de este lado del telón por lo visto ya estaban detrás de él.

ÜBUNG 46 !

Übung 46: Schreiben Sie die Zahlen aus!

1. 5.555 ______
2. el siglo XV ______
3. en 1999 ______
4. 5 piso ______
5. 1.350.432 ______
6. 53,88 € ______
7. 12:35 (Uhrzeit) ______
8. 23:10 (Uhrzeit) ______

Fue un milagro que lograra sobrevivir todavía tanto tiempo. Sin embargo, dos años más tarde efectivamente murió en un accidente de tráfico en la antigua carretera del Garraf entre Barcelona y Sitges.

-Todo esto me recuerda mucho a una película de James Bond -comentó Bea poniendo en duda toda la historia.
-En el periódico sólo se habla de rumores, nunca se pudo probar nada de eso. Hay que tener en cuenta que se trata de la prensa censurada por la dictadura franquista. Así que...
-Y ¿qué había en el microfilm?
El comisario volvió a echarle un vistazo al artículo buscando algo al respecto. Después de haber releído el artículo dijo:
-Pues no dice nada más sobre el microfilm. No queda claro si volvió a aparecer alguna vez o si "el Mojama" realmente había hecho desaparecer un documento de tanto valor.
-Pero ¿qué significado puede tener la figura en todo esto? -preguntó Bea.
-No lo sé, Bea, no lo sé -contestó el comisario algo confundido-. Todo esto no sé adonde nos lleva.
-Y este personaje ¿es el padre de Carmen y María?
-Sí, vaya familia. Puede que todo esto no tenga nada que ver con el caso que nos ocupa -el comisario se rascó la cabeza-. O puede que sí, pero aún no sé de qué manera.

Übung 47: Was bedeuten folgende Abkürzungen? Schreiben Sie aus!

1. Gral. ______
2. C/ ______
3. dcha. ______
4. izda. ______
5. Sra. ______

6. Srta. ______________________

7. Ud./Uds. ______________________

8. S.P. ______________________

9. IVA ______________________

10. S.A. ______________________

11. p.a. ______________________

12. EE.UU. ______________________

Se llevó la mano a la barriga como señalando algo:
-Creo que no puedo pensar muy bien con el estómago vacío.
-¡Pero si hemos desayunado muy bien! -contestó Bea dejándose distraer por el comisario.
-¡Ya han pasado muchas horas desde que desayunamos!
-Está bien, vamos a comer algo -aceptó Bea-. Yo también necesito un descanso.
-Te propongo que vayamos a la Boquería.
-¿A la Boquería? ¿Qué es eso? -preguntó Bea.
-Se puede decir que la Boquería es la boca y el estómago de Barcelona -contestó García-. Es un mercado enorme con muchos puestos de comida fresca: frutas, verduras, pescados o carnes. Aunque hay otras cosas más exóticas como frutos secos, hierbas, aceitunas y también muchas floristerías.
-Pero ¿se puede comer allí también?
-Sí, además de los puestos donde se vende la comida hay también bares de tapas y quioscos.
-Me parece perfecto.
Bea y el comisario regresaron al centro de la ciudad, a las Ramblas, donde se encuentra la Boquería.

Übung 48: Was wird in diesen Geschäften verkauft?

1. carnicería carne
2. frutería ____________
3. pescadería ____________
4. verdulería ____________
5. floristería ____________
6. panadería ____________
7. pastelería ____________
8. heladería ____________

El mercado se encuentra dentro de la bella nave modernista construida a mediados del siglo XIX.

La riqueza e intensidad de los olores a fruta y a flores y el alegre bullicio de la gente alrededor de los puestos animaron a Bea y al comisario a mezclarse entre ellos.

Entre los clientes no sólo había amas de casa haciendo la compra sino también cocineros de restaurantes y algunos estudiantes.

El comisario conocía bien el lugar y llevó a Bea a un puesto de tapas llamado "Pinotxo".

-Te recomiendo la especialidad de la casa: chipirones con judías.

-¡Qué rico!

Entre los clientes había mucha gente que se llevaba su propia comida comprada en otros puestos y la comían allí acompañándola con alguna bebida del local. Esto no molestaba nada en absoluto, todo lo contrario, a los clientes se les preguntaba simplemente si estaban satisfechos. Aunque Bea y el comisario continuaban muy preocupados por el caso disfrutaron mucho de la comida.

Übung 49: Setzen Sie die Sätze in die Futurform!

1. Tenemos ganas de bailar.

....

2. Hay un perro en la puerta de mi casa.

....

3. ¿Vienes conmigo?

....

4. Se lo decimos la próxima semana.

....

5. Vais a Asturias en septiembre.

....

6. Son las cuatro menos cuarto.

....

7. ¿Sabes conducir este coche?

....

Los hechos descubiertos en la biblioteca los habían desconcertado aún más.
No sabían cómo relacionar la muerte de un espía ruso con el asesinato de su hija y el robo de una Sevillana de jade.
-¿Crees que María tuvo algo que ver con la muerte de su hermana? -preguntó Bea.
-Podría ser pero no estoy seguro. Primero debemos interrogar a los López, los dueños del local, y a Antonio el bailarín.

Übung 50: Setzen Sie die Sätze ins Konditional!

1. ¿Puedes abrir la ventana?

....

2. Me gusta tener dinero.

....

3. Prefiero la carne muy hecha.

....

4. ¿Cabe esa posibilidad?

....

5. ¿Qué haces mañana?

....

6. Hoy no voy a visitarte.

....

7. ¿Quieres venir con nosotros?

....

Después de comer el comisario se sintió mucho mejor y él y Bea volvieron una vez más al tablao para interrogar al señor López y a su mujer Ana.
La oficina donde trabajaba Ana estaba situada al lado de la cocina y para llegar a ella tenían que ir por un pasillo que empezaba detrás de la barra del bar.
Se trataba de una habitación muy pequeña a la que llegaba el calor pegajoso de la cocina. Para poder trabajar sin tanto calor, Ana tenía

sobre su escritorio un ventilador que funcionaba a todas horas. Sobre el escritorio también había montones de papeles atrapados bajo pisapapeles para que no se volaran con el aire.

Para Bea era inimaginable trabajar en esas condiciones: calor, olores intensos, sin luz natural, ambiente cargado... Pero Ana desarrollaba su labor en ese despachito.

Ella se encargaba de las cuentas del negocio, de pagar a los empleados y comprar la comida necesaria para la cocina y bebidas para el bar. Era la que mantenía la infraestructura en marcha.

Su marido contrataba a los artistas y se encargaba del tablao.

Übung 51: Was gehört zusammen? Ordnen Sie zu!

1. La oficina era	☐	las cuentas del negocio
2. La oficina estaba situada	☐	detrás de la barra del bar
3. Bea y el comisario tenían que ir	☐	un ventilador
4. El pasillo empezaba	☐	una habitación muy pequeña
5. Ana tenía sobre su escritorio	☐	al lado de la cocina
6. Ana se encargaba de	☐	por un pasillo

-¡Buenas tardes! -saludaron Bea y el comisario al llegar a la oficina.

-¡Buenas tardes, comisario! -contestó López-. ¿Han encontrado ya algún sospechoso?

-No, aún no hemos avanzado tanto -contestó Bea-. Sólo estamos preguntando a las personas que estaban aquí la noche del asesinato si vieron algo extraño.

-Ah ¿sí? -preguntó López con curiosidad-, y ¿han encontrado alguna pista nueva?

-¡No, no, nada importante! -contestó el comisario que no quería decirle nada al señor López para no influenciar su declaración.

-Ahora queremos hacerles a ustedes algunas preguntas relacionadas con la noche del asesinato y con Carmen -dijo Bea.

-¡Por supuesto, lo que ustedes quieran! -se ofreció López.

-¿Qué hacían cuando asesinaron a Carmen, es decir, durante el descanso de su actuación?

-Pues…aprovechamos ese rato del descanso para comer algo en la cocina, los dos juntos.

-¿Estaban ustedes solos?

-No, el cocinero estaba con nosotros.

Realmente -pensó García-, el hecho de que el matrimonio tuviera una coartada era irrelevante puesto que probablemente el asesino era también el ladrón de la figura que, en realidad, podía tratarse de un asesino a sueldo.

Por eso, la pregunta adecuada era: -¿Qué relación tenían ustedes con Carmen?

-Era una buena chica -dijo Ana.

-Bueno y ¿se les ocurre algo más? -preguntó Bea.

-A veces era un poco caprichosa -apuntó López-, quiero decir que tenía algunas exigencias que los demás tenían que cumplir.

-¿Como por ejemplo?

- Por ejemplo, bailar sólo con un determinado guitarrista, que le llevaran su comida al camerino o no actuar cuando no le apetecía hacerlo con la excusa de que tenía dolor de cabeza.

-¿Qué ocurría en esas ocasiones?

-A veces su hermana, María, iba a buscarle algunas pastillas para el dolor de cabeza y terminaba actuando. Otras veces simplemente no salía al escenario.

-¿Cómo se llevaban las hermanas entre sí?

-No muy bien.

-Pero… ¡María nos contó lo maravillosa que era su hermana y ustedes estaban de acuerdo! -exclamó Bea.

- Bueno, ¿qué íbamos a decir delante de ella? -dijo Ana-. No nos quedaba otro remedio que confirmar todo lo que ella decía de su hermana.

-Para María era muy difícil tener que vivir a la sombra de su hermana -continuó López-. Aunque María en general soportaba con paciencia los arrebatos de mal humor de Carmen, a veces, discutían a gritos.

-Carmen le decía a María que no servía para nada y que no tenía ningún talento para el flamenco -concluyó Ana.

ÜBUNG 52 !

Übung 52: Bilden Sie den Komparativ!

1. bonito — más bonito
2. bueno ____________
3. malo ____________
4. caro ____________
5. grande ____________
6. pequeño ____________
7. alto ____________

-¡Vaya! -exclamó el comisario- ¡qué sorpresa!

-Sí -confirmó Bea-, y ¡qué bruja!

-Pero María no podía hacer otra cosa que aguantar esa situación porque, de lo contrario, habría perdido su trabajo.

-¿Alguna pregunta más, comisario? -dijo López.

-De momento no tengo más preguntas -contestó García-. Si se le ocurre alguna otra información que nos pueda ser útil, llámenos, por favor. Aquí tiene mi tarjeta.

-¡Comisario! -dijo Ana- ¿Cree usted que el asesino volverá a actuar?
-Creo que vendrá a buscar la figura pero no creo que tenga la intención de matar a nadie más -contestó García-. No se preocupe.
-¡Nunca pensé que el flamenco pudiera llegar a ser mortal! -exclamó Ana.
Cuando Bea y el comisario terminaron de hacerle todas las preguntas al matrimonio salieron del tablao y Bea le preguntó al comisario
-¿qué ha querido decir Ana con esa frase, "el flamenco puede ser mortal"?
-¡Quizás sepa algo que no nos ha querido decir!
Después se dirigieron los dos a la casa de Antonio.

Übung 53: Bilden Sie die Partizipien!

1. decir *dicho*
2. romper ______
3. abrir ______
4. ver ______
5. volver ______
6. descubrir ______
7. escribir ______
8. hacer ______
9. poner ______
10. resolver ______

Antonio vivía en un estudio cerca de la playa.
García tocó el timbre y Antonio abrió la puerta.
-¡Hola, Antonio! -saludó el comisario.
-¡Buenos días, comisario! -contestó Antonio-. ¡Hola, Bea!
-¡Bonito estudio! -dijo Bea entrando en la vivienda.
El estudio tenía pocos muebles y era espacioso y amplio. El suelo era de madera y el salón y la cocina estaban apenas separados por una barra. En las paredes colgaban muchas fotos de artistas del flamenco y un gran ventanal ofrecía vistas al mar mediterráneo.
-Antonio ¿estás ocupado?, ¿podemos hacerte algunas preguntas? -preguntó García.
-Ahora no tengo nada importante que hacer. Estaba refrescándome un poco.
-¡Gracias!
-Siéntense, ¿Quieren tomar algo?, ¿un café?
-Sí, gracias. Un cafecito me vendría muy bien -contestó García mientras se sentaba cansado en el sofá blanco. Se hundió en el blando mueble y tuvo la sensación de que no iba a poder volver a levantarse sin la ayuda de alguien. Pensó en Bea y sintió vergüenza.
Antonio se dirigió a la cocina y desde allí siguió hablando. Abrió armarios, cajones, sacó tazas y cucharillas, preparó café.
-Bueno y ¿qué quieren saber?

ÜBUNG 54 !

Übung 54: Bilden Sie die Verlaufsform (Gerundium)!

1. bailar *bailando*
2. pedir ______
3. beber ______
4. oír ______

5. leer ____________________

6. recibir ____________________

7. ir ____________________

8. dormir ____________________

9. ver ____________________

10. sentir ____________________

Antonio llevaba pantalones vaqueros y camisa blanca. El pelo negro peinado hacia atrás parecía mojado y tenía algunos rizos que le asomaban por la nuca. Aunque quería aparentar seguridad se notaba su nerviosismo porque no dejaba de moverse haciendo y deshaciendo lo mismo una y otra vez.

Bea observaba el mar a través de la ventana. Le dieron ganas de abandonar todo este caso ahora mismo y descansar en la playa. Darse un baño y olvidarse de tanta muerte, tanta desgracia. Deseaba que el sol le calentara los párpados cerrados.

-¿Qué pasó la noche del asesinato? -comenzó el comisario.

-La noche del asesinato, como saben, bailé con Carmen y después me fui a mi camerino para esperar a que ella terminara y que hiciera su descanso -explicó Antonio-. Estuve esperando una media hora y después me fui a su camerino a buscarla para bailar con ella en la segunda parte de la actuación. Cuando llegué a su camerino me la encontré muerta. Un minuto después llegó María con un pañuelo en la mano.

-¿Vio o notó algo especial, algo diferente cuando llegó al camerino?

-Pues..., a parte del cadáver, nada más.

-¿Cómo era su relación con María? -quiso saber Bea desde la ventana.

-Muy buena. Nos conocíamos desde que éramos niños porque su padre y el mío eran amigos.

-¿Ah sí?

Übung 55: Bilden Sie den Superlativ!

1. bueno ____________________
2. agradable ____________________
3. pobre ____________________
4. feo ____________________
5. rico ____________________
6. grande ____________________
7. pequeño ____________________

Antonio se levantó y cogió una de las fotos que colgaban de la pared en un marco de madera oscura y se la enseñó a Bea y al comisario.

-Aquí los podéis ver. En esta foto aparecen juntos.

Bea tomó la foto. Dos hombres sentados en sillas de madera actuaban sobre un escenario: uno cantaba y el otro llevaba una guitarra.

-Mi padre era guitarrista y acompañaba al padre de Carmen que era cantaor. Actuaban muchas veces juntos.

-¿Acompañaba tu padre al padre de Carmen también en sus giras? -preguntó el comisario.

-Sí, a veces.

-O sea que, prácticamente, era como una hermana para ti -apuntó Bea.

-Bueno, no tanto, pero realmente le tenía mucho cariño. Su muerte ha sido tan inesperada que…no sé, lo he sentido mucho -terminó Antonio.

-¿Qué ha pasado con tu padre? ¿Dónde está ahora?

-Por desgracia murió el año pasado de un ataque al corazón.

Antonio les llevó el café a Bea y al comisario. Éstos lo bebieron a pequeños sorbos mientras escuchaban a Antonio. Pasaron un rato allí. El bailaor les contó anécdotas de su padre, de los espectáculos con Carmen y de su profesión en general.
En realidad García era consciente de que no tenían mucho tiempo que perder pero no podía salir del sofá. Estaba atrapado, hundido en el sofá y no quería que Bea se diese cuenta.
Por fin Bea se excusó para ir al servicio y el comisario le pudo pedir auxilio a Antonio que le ayudó a levantarse.

Übung 56: Setzen Sie das Adjektiv in Klammern in korrekter grammatikalischer Form ein!

ÜBUNG 56 !

1. He tenido (malo) *mala* suerte en la lotería.

2. Picasso era un (grande) __________ pintor.

3. Eres un (bueno) __________ amigo.

4. (Santo) __________ Isidro no es el patrón de Barcelona.

5. Hoy he pasado un (malo) __________ día.

6. Hoy estoy de (bueno) __________ humor.

Cuando salieron de allí Bea y García fueron en silencio hasta el coche. Bea pensaba en la playa, el mar y las ganas de vacaciones que tenía. El comisario daba gracias por haber salido de esa situación tan delicada sin que su colega alemana se diese cuenta. No quería que Bea se llevase una mala impresión de él.
Ambos se sentían bastante desconcertados con toda la historia. No sabían quién había cometido el asesinato ni como se relacionaban

las declaraciones de los testigos. Y mucho menos sabían cómo encajaba la figurita robada y el padre espía de las hermanas.
Pero García sabía una cosa con seguridad: el ladrón aparecería de nuevo para llevarse la figura. De eso estaba convencido. Alguien que comete un crimen tan grave por una figura de jade, no se rinde tan fácilmente.
Ambos subieron al coche para dirigirse al Barrio Gótico por una avenida que bordeaba el litoral.

! ÜBUNG 57

*Übung 57: Verwenden Sie die Präposition **a**, falls notwendig!*

1. La artista dedicó su actuación ____________ su amigo.

2. Enseñé ____________ la casa ____________ (el) comprador.

3. Recibió ____________ la correspondencia por la mañana.

4. Compré ____________ el caballo ganador.

5. Luis quiere mucho ____________ su hermana.

6. Vimos ____________ Juan en la plaza.

7. El abogado estudió ____________ el caso con cuidado.

8. Se dirigieron ____________ la casa de Antonio.

9. Anoche llegamos ____________ las tres de la madrugada.

La lluvia había dejado paso a un cielo con algunas nubes atravesadas, de vez en cuando, por algún rayo de sol. Bea agradeció que la tarde se estuviera despejando y la lluvia hubiese cesado.

Cuando llegaron a la comisaría Almodóvar les estaba esperando en su despacho fumando un cigarrillo. Fumaba unos cigarrillos de fabricación nacional, sin filtro y que producían un intenso humo. Bea odiaba el humo del tabaco en general, pero ese le parecía especialmente desagradable.

El comisario también detestaba ese olor a tabaco, pero en su caso se debía más bien a su deseo no superado de volver a fumar tras algunos años de abstinencia.

-¡Ajá! ¡Mis investigadores favoritos! -exclamó al verlos llegar-. ¿Cómo va todo?

-Más o menos bien -contestó Bea-. Ya hemos interrogado a todos los sospechosos pero aún no sabemos quién ha podido matar a la bailaora para robar la figura.

-Los López tienen una coartada -explicó García-. Estaban con el cocinero.

-De todos modos siguen siendo sospechosos porque pudieron actuar en coordinación con otra persona, es decir, la persona que robó la figura. Además también están María y Antonio como sospechosos -resumió Almodóvar.

-En efecto -contestó García.

-Ahora lo único que podemos hacer es esperar a que aparezca de nuevo el ladrón para intentar robar la figura y detenerlo en ese momento -concluyó Bea.

-Estoy de acuerdo -dijo Almodóvar-. Ahora tenéis que ir allí y vigilar la figura hasta que aparezca el ladrón. Además, María ha llamado por teléfono y tiene algo que decirnos. Propongo que os repartáis las tareas, es decir, que Bea vaya a ver a María y que García vaya al tablao a vigilar la figura.

Ambos se despiden de su jefe y salen de la comisaría en dirección al coche.

Übung 58: Setzen Sie das passende Wort ein!
(rebanada, rodaja, loncha, jarra, botella, racimo)

1. un ______________ de uvas
2. una ______________ de cerveza
3. una ______________ de pan
4. una ______________ de melón
5. una ______________ de anís
6. una ______________ de jamón

-Bea, te llevaré en coche a casa de María y después me voy yo a "La guitarra" -se ofreció el comisario.
-No te preocupes, puedo coger un taxi -contestó Bea.
En ese momento llegan al lugar donde está el coche y se dan cuenta de que tiene una rueda completamente desinflada.
García adoraba su viejo Mercedes y cualquier roce o abolladura que pudiera sufrir el coche lo sentía como si se tratara de una lesión en sus propias carnes.
-¡Vaya, un pinchazo! -dijo García con fastidio-. Tendremos que tomar un taxi.
El comisario se acercó a la calzada y levantó un brazo para parar al taxi que aminoró su marcha hasta frenar al lado de ellos.
A esas horas y un día cualquiera de la semana no era tan difícil encontrar taxis libres en Barcelona.
Los taxis de Barcelona se reconocían desde lejos por su color característico. Son negros con las puertas, el capó y el maletero amarillos. Son uno de los símbolos más inequívocos de Barcelona.
Bea tomó el primer taxi que llegó para dirigirse a la casa de María y García esperó al segundo. Cuando éste paró delante de él se subió.

-¡Buenas noches! -dijo el taxista- ¿A dónde le llevo?
-¡Buenas noches! En dirección a la plaza de Sant Jaume, por favor.

Übung 59: Setzen Sie die Präpositionen ***con*** *oder* ***a*** *ein!*

1. ¿Te has enfadado __________ Aurora?
2. Te llevo ______ tu casa enseguida.
3. ¿Aún vives ________ tus padres?
4. Hoy he desayunado ________ mis hermanas.
5. ¿__________ qué se dedica tu mujer?
6. Vive __________ media hora de Madrid _________ su familia.
7. __________ media noche estábamos en la carretera.
8. Los niños juegan _________ sus primos _________ la petanca.
9. He terminado __________ el trabajo pendiente.
10. Me refiero __________ lo que me dijiste ayer.

Cuando el comisario llegó a "La guitarra" el local estaba prácticamente vacío.
La sala donde se levantaba el escenario estaba a oscuras y detrás de la barra del bar no había nadie.
Daba un poco de miedo ver aquella sala, que normalmente estaba llena de gente hablando a gritos, oyendo la música o tocando las palmas, completamente vacía y en silencio.
García se dirigió al camerino de Carmen. Allí se sentó a la espera.
El camerino era una habitación pequeña amueblada sólo con un tocador y su silla, un sofá con su mesita, una barra para los vestidos y un biombo.

ÜBUNG 60

Übung 60: Formen Sie die Sätze wie im Beispiel um!

1. Ésas son mis gafas.

   Las gafas son mías.

2. Éste es tu libro.

   ____

3. ¿Es ésta vuestra hermana?

   ____

4. Son sus periódicos (de él).

   ____

5. ¿Son sus maletas (de ellos)?

   ____

6. Éste es nuestro coche.

   ____

7. ¿Es éste su sitio (de usted)?

   ____

Sobre el tocador colgaba un espejo enorme bordeado de bombillas y en la parte de abajo del espejo estaban pegadas algunas fotos de Carmen con María y también con amigos, además de algunas fotos de infancia.

Entre las fotos había un espacio vacío con restos de pegamento. Era como si alguien hubiese arrancado una de las fotos que estaban pegadas en el espejo.

De las paredes colgaban carteles con motivos taurinos o flamencos. El comisario se preparó para una noche de larga espera y se echó en el sofá que estaba a la izquierda de la entrada, detrás de la puerta.

El que entrara en la habitación, no notaría su presencia desde el primer momento sino que tendría que adelantarse un par de pasos para poder verlo. Ahora sólo le quedaba esperar acontecimientos.

Übung 61: Was passt zusammen? Ordnen Sie zu!

1. tirar de la lengua	☐	hablar de lo importante
2. meterse en líos	☐	volver a ser amigo de alguien
3. ser un pasota	☐	desviarse del tema de la conversación
4. ir al grano	☐	hacer cosas que pueden llevar a problemas
5. irse por las ramas	☐	hacer que alguien hable
6. hacer las paces	☐	no preocuparse por nada

Mientras tanto Bea había llegado a la casa de María.
Esplugues de Llobregat era una zona algo elevada al noroeste de la ciudad. Antiguamente un pueblo en las afueras de la ciudad condal, como también se conoce Barcelona, es hoy en día una población pegada a Barcelona, sin interrupción urbanística entre una y otra. De todos modos, sigue siendo una zona de alto nivel. María vivía en la calle Tenerife en un piso adosado con vistas sobre la ciudad. María abrió la puerta con una toalla enrollada en la cabeza. Acababa de salir de la ducha y llevaba puesto sólo un albornoz.
-¡Hola, Bea! -saludó María.
-¡Buenas noches, María! -contestó Bea.
-¡Perdona que te reciba así! Me cambiaré en un minuto -dijo mientras iba a su habitación para vestirse-. Siéntate, por favor. Estaré contigo enseguida.
Bea entró en el piso desordenado.

-Ay, disculpe que la haya tuteado. Es que es tan joven que me resulta difícil tratarla de Usted.
-Bah, no te preocupes, eso ya lo habíamos aclarado. Ya me he acostumbrado al tuteo en España -respondió Bea con amabilidad.
Al principio le había chocado bastante la facilidad con que se trata de tú a la gente en España. Sólo personas mayores y autoridades quedan a salvo de esta costumbre. Acostumbrada a usar el Usted en Alemania no le resultó fácil adaptarse a esa costumbre española. José García le había explicado que era una moda relativamente reciente y que él sospechaba que se trataba de una importación de los países anglosajones. En todo caso le ofreció tratarse de tú bastante pronto.
Bea esperó un par de minutos en una sala decorada sin demasiado gusto, algo cursi y recargada. Por todos los lados había figuritas de porcelana, fotos en marcos de plata labrada y pañitos de ganchillo. Sobre la mesita del salón había un montón de revistas del corazón que María leía con frecuencia y un libro pequeño encuadernado en piel. Por el suelo descansaba ropa que quedó olvidada ahí tras alguna larga noche de actuaciones y fiesta.
-¡Aquí estoy de nuevo! -dijo María saliendo de su habitación.
-Bueno y ¿qué tenías que decirnos, María?
-¿No quieres tomar algo primero, una copa de vino o un refresco?
-No, te lo agradezco, pero acabo de tomar un café. Y alcohol a estas horas no me apetece.
-En realidad no sé si tiene mucha importancia… -titubeó María.
-¿De qué se trata? -preguntó Bea algo impaciente.
-Pues, ordenando las cosas de Carmen he encontrado su diario y he descubierto algo que no sabía de ella.
-¿Qué es lo que has descubierto?
-¡Que Carmen tenía un novio!
-¿Un novio? Y ¿quién era ese novio secreto?

-Para mi sorpresa he descubierto que Carmen estaba liada con Luis.
-¿Luis? ¿El camarero de "La guitarra"? -insistió sorprendida Bea.
-Sí, el mismo.
-¡Qué sorpresa! Vaya con Luis.
-Sí, y además, según el diario, se habían separado poco antes del asesinato.
-Eso sí que es interesante. ¿Sabes también por qué se separaron?
-Se pelearon porque Carmen no quería continuar la relación.
-Y ¿sabes por qué Carmen quería romper con Luis?
-No, no lo sé pero aún no he leído el diario completo por lo que es posible que aún se mencione.
-Quizá Carmen quiso acabar su relación con Luis porque había otro hombre -comentó Bea.
-Sí, es posible. Carmen era una mujer muy guapa y tenía mucho éxito con los hombres -aclaró María.
Bea se quedó pensativa un momento. Luego insistió:
-Bueno, si te enteras de algo nuevo ¿me llamarás?
-Sí, claro. Os comunicaré con gusto cualquier pista que pueda aclarar algo sobre el asesinato de mi hermana.
-Vale, entonces me despido ya porque aún tengo que ir a "La guitarra" para encontrarme allí con el comisario.
-Claro, gracias por venir.
-Gracias a ti por la información.
Bea se despidió de María para ir al tablao a comunicarle al comisario la nueva información.
Estaba muy sorprendida por la noticia. ¡Qué suerte que María hubiese hallado el diario! Ni a ella ni a García se les había ocurrido interrogar a Luis.
Parecía tan buen chico que desde el principio lo habían considerado fuera de toda sospecha. Sobre todo García que en estas cosas solía seguir su intuición y no los métodos establecidos.

En “La guitarra” se encontraba García, ya algo adormilado en el sofá y con la luz apagada, pensando en el chico del museo de la fundación Miró. ¡Qué pasión para decidirse a robar una obra de arte! A él le gustaba mucho el arte y se consideraba una persona culta, pero no era lo mismo. Había gente con una necesidad imperiosa de arte, de cultura, de belleza. Una necesidad tan fuerte que guiaba sus decisiones y les podía llevar al desastre. No podía aceptar que esa necesidad llevara a la delincuencia, pero de alguna manera admiraba esa pasión.
De pronto, en medio de estas divagaciones, oyó el ruido de unos pasos.

ÜBUNG 62 !

Übung 62: Lesen Sie weiter und unterstreichen Sie die 14 Verben im Indefinido!

El comisario siguió echado pero agudizó el oído para asegurarse de que alguien se acercaba.
Los pasos venían de la sala donde estaba el escenario y se acercaban muy despacio como tanteando en la oscuridad.
El comisario se levantó lentamente y se colocó detrás de la puerta de entrada a la habitación para sorprender al ladrón por la espalda.
Contuvo la respiración y tensó lo que pudo su cuerpo.
Se abrió la puerta y alguien entró en la habitación muy despacio. Al ver que todo estaba a oscuras el intruso pensó que no habría nadie allí dentro.
Dio unos pasos hacia el tocador donde estaba la figura de jade.
¡Ahora! El comisario se abalanzó sobre él en ese instante y le cayó encima con todo su peso.
El ladrón dio un grito del susto y los dos rodaron por el suelo.

Esta vez el ladrón no llevaba barba ni gabardina. A pesar de la oscuridad García pudo distinguir a un hombre de mediana edad, rubio, con bigote y una mirada muy fría en sus ojos.
-¿Quién es usted? -preguntó el sorprendido ladrón que trataba de orientarse y disimular.
-Soy el comisario García -contestó García-. ¡Queda usted detenido!
-¿Detenido? -dijo el ladrón-. ¡Muy gracioso!
El hombre pudo deshacerse del comisario de un empujón. De una zancada se acercó al tocador y agarrando la figura dio media vuelta para salir de la habitación corriendo.
García fue más rápido y alargando el pie le puso la zancadilla al ladrón que cayó de nuevo al suelo golpeándose antes en la cabeza con la puerta.
Al caer al suelo al ladrón se le escapó la figura de las manos que chocó con una silla. Esta vez la figura no resistió el golpe y se rompió en varios pedazos que saltaron en todas direcciones.
El ladrón quedó echado en el suelo sin hacer ningún movimiento.
García se acercó a él y vio que tenía una herida en la cabeza por la que sangraba un poco y que estaba inconsciente.

El comisario le puso las esposas al ladrón con las manos a la espalda para que no se pudiera mover y lo sentó en el suelo con la espalda apoyada en la pared.
García encendió la luz y buscó algo por la habitación que le pudiera servir para cortar la hemorragia que el ladrón tenía en la cabeza producida por el golpe.
Miró por toda la habitación y vio los trozos de la figura rota repartidos por el suelo.
En una esquina observó un objeto muy pequeño que reflejaba la luz de forma distinta. Se acercó al objeto y se dio cuenta de que era un pequeño microfilm. Lo cogió y se lo metió en el bolsillo.

También recogió los trozos de la figura que estaban por el suelo y se los metió en el otro bolsillo de su chaqueta.
Después encontró un trozo de tela y se lo puso al ladrón en la cabeza que poco a poco iba recuperando la consciencia.

ÜBUNG 63 !

Übung 63: Formulieren Sie die Sätze in den Plural um!

1. El sábado voy a ver a mi padre.

____

2. Dice que la mujer alemana es muy guapa.

____

3. El perro de mi tío es buen rastreador.

____

4. Tu amiga parece simpática.

____

5. Llevo un libro en la maleta.

____

6. Me gusta tu jardín.

____

El comisario le vendaba la cabeza al ladrón mientras observaba su cara. A la luz de la lámpara la cara del ladrón le resultaba conocida al comisario.
-¿Quién es usted y que hacía aquí? -preguntó el comisario-. ¿Por qué quería llevarse la figura?

-No pienso contestar a ninguna pregunta si mi abogado no está presente -contestó el ladrón aún aturdido por el golpe. Trató de moverse, pero se dio cuenta de que estaba esposado y no podría moverse.
-Le llevaré a la comisaría -dijo García-. A lo mejor allí se le refresca la memoria. La pena por asesinato son muchos años de cárcel, por si no lo sabe.
-Yo no he matado a nadie.
-Eso dicen todos -apuntó el comisario.
-No sé de qué demonios me está hablando. Sea lo que sea no tengo nada que ver.
-¡Vamos! -dijo el comisario ayudando al ladrón a levantarse.
García llamó por teléfono a un coche patrulla para que los vinieran a recoger puesto que su coche aún seguía con la rueda deshinchada, ya que no la había podido mandar a arreglar hasta el momento. Sentía alivio por haber atrapado al ladrón y curiosidad por resolver el caso. Esperaba que el detenido pudiese aclarar toda la historia. Cuando se dirigían a la salida apareció Bea que llegaba de casa de María con cara de malas noticias.

*Übung 64: Setzen Sie **hay** oder **estar** ein!*

1. En mi casa __________ muchos libros.

2. La Catedral de Santa Eulalia __________ en Barcelona.

3. En el tablao __________ un camarero.

4. Sobre la mesa __________ los platos.

5. En Barcelona __________ chiringuitos en la playa.

6. En Barcelona __________ la Sagrada Familia.

Bea miró al comisario que llevaba consigo al detenido y se sorprendió mucho.

-¡No me digas que apareció el ladrón justo cuando yo no estaba!

-Sí, aquí está. Me lo llevo a comisaría -contestó triunfal el comisario.

-Muy bien, ¡vamos! Pero me tendrás que contar cómo ha pasado todo -dijo Bea.

-Sí, y tú me tienes que contar que nos tenía que decir María.

-Te lo contaré en el coche.

Una vez sentados en el coche de patrulla Bea le contó al comisario lo que María le había dicho sobre Luis y Carmen, que habían estado liados y se habían separado poco antes del asesinato.

-Bueno -dijo el comisario-, eso convierte a Luis en sospechoso pero no es una prueba definitiva. Yo no creo que Luis haya sido capaz de hacer algo así. Creo que es un buen chico. Pero desde luego tendremos que hacerle algunas preguntas.

ÜBUNG 65 !

*Übung 65: Setzen Sie **ser** oder **estar** ein!*

1. Lo que dice García __________ verdad.

2. __________ ocupado. No me molestes.

3. (Ellos) __________ diez.

4. La película __________ muy bien.

5. La obra de teatro __________ muy buena.

6. __________ las cinco de la tarde.

7. Bea __________ segura de eso.

El coche de patrulla los dejó en la comisaría y subieron al despacho de Almodóvar con el detenido.
-¡Hola! -les saludó Almodóvar, y sorprendido les preguntó- ¿quién es ese hombre?
-Éste es el ladrón que ha venido esta noche a robar la figurita de jade -contestó García.
-¡Hombre, enhorabuena! Habéis atrapado al ladrón. Me alegro mucho. Y ¿cómo se llama? -preguntó Almodóvar.
-Aún no nos lo ha querido decir.
-Bueno, pues habrá que comprobar sus huellas dactilares en el ordenador para determinar su identidad. De todos modos su cara me resulta familiar.
-Sí, yo también lo he pensado -confirmó García.
-¡Vamos a ver qué nos dice el archivo del ordenador! -dijo Bea.
Bea se sentó delante del ordenador e introdujo las huellas dactilares del detenido.
En el ámbito de la informática García prefería que actuara Bea porque él aún no entendía muy bien esos cacharros y ya se sentía muy viejo para aprender algo tan complicado. En general no le hacía falta aunque no ignoraba que los ordenadores podían facilitarle el trabajo en muchos aspectos. Si realmente le hacía falta algo siempre encontraba a alguien que se ofrecía a ayudarle.

Übung 66: Setzen Sie die Verben in die Futurform!

1. El comisario (encontrar) ______________ el microfilm.
2. Bea y García (poder) ______________ atrapar al asesino.
3. ¿Quién (saber) ______________ dónde está el microfilm?
4. María (hablar) ______________ de su padre.

5. Antonio y Carmen (bailar) ____________ juntos.

6. ¿Quién (tener) ____________ la figura de jade?

El ordenador tardó unos instantes en procesar los datos introducidos y en compararlos con sus archivos. Al cabo de un minuto se abrió una página en el monitor con los datos del detenido.

-¡Ya está! -exclamó García- ¡Aquí está!

-¡Es un terrorista buscado por la Interpol! -leyó Bea sorprendida.

-Se llama William Wayne, aunque también se le conocen otras identidades: Robert Kemp, Dr. Diego Rios o Aled Griffiths.

-¡Ya me acuerdo de él! -exclamó García-. He visto su foto publicada en el periódico varias veces. La Interpol lo busca desde hace muchos años por su intervención en varios atentados con bombas en Europa.

-Aquí dice que se le considera sospechoso de haber intentado perpetrar un atentado en París poniendo bombas al pie de la Torre Eiffel -dijo Bea.

-Por eso llevaba una barba pelirroja postiza la noche que intentó robar la figura en el camerino de Carmen para pasar desapercibido y que nadie lo reconociera -dedujo García.

-Todo esto es muy sorprendente -dijo Almodóvar.

El hombre que había intentado robar la figura sonrió complacido como si su identidad no fuese su secreto más preciado. Al contrario, se sentía muy orgulloso de ser uno de los terroristas más temidos y buscados en el mundo.

ÜBUNG 67 !

Übung 67: Lesen Sie weiter und setzen Sie die richtige Präposition ein!

Además, tenía alguna información que los demás no poseían y que lo situaban (1.) ____________ una posición privilegiada.

De repente, el comisario recordó el microfilm que aún tenía

(2.) ____________ el bolsillo y se lo enseñó (3.) ____________ Bea y (4.) ____________ Almodóvar.

-Esto lo encontré (5.) ____________ el camerino de Carmen. Estaba dentro de la figura (6.) ____________ jade que se rompió al caer al suelo cuando me peleaba (7.) ____________ este tipo.

Al terrorista se le borró inmediatamente la sonrisa de la cara. Se quedó mirando fijamente el pequeño objeto que García mostraba en su mano.
-Seguramente este microfilm es el motivo por el que el ladrón buscaba la figura de jade. Lo importante no es el valor de la figura en sí sino la información que contiene este pequeño microfilm -continuó García. La cuestión es saber qué contiene.
-Podemos ver de lo que se trata introduciéndolo en el escáner -confirmó Bea.
El comisario le alcanzó satisfecho el microfilm.
Bea introdujo el microfilm en el escáner y después de algunos segundos apareció en el monitor una página completamente llena de fórmulas matemáticas.
-Pero ¿qué es esto? -preguntó Bea.
Todos miraron estupefactos la pantalla del ordenador. Durante unos instantes se hizo el silencio absoluto.
-¿Qué significan estas fórmulas? -insistió Bea.
-No tengo ni idea de lo que es eso -reconoció Almodóvar.
El comisario se adelantó un poco haciéndose algo más de sitio entre Bea y el jefe de policía.
Siguió observando la pantalla mientras sacaba una libreta de su bolsillo.
-Sí..., hmm... esto parece... pero no puede ser... -murmuraba para si.
Pidió algo para escribir y Almodóvar se apresuró a dárselo.

García se puso a escribir algo en su libreta, levantaba la cabeza, leía algunas fórmulas y volvía a la libreta. Así estuvo un rato.

-¡Por Dios, García! ¡Dinos algo! ¿Qué es eso? -no pudo resistir la curiosidad el jefe.

-Sí. Esto parece... parece la fórmula para construir ¡una bomba termonuclear! -respondió García.

-¿Qué? -preguntaron en voz alta al unísono Bea y Almodóvar.

-Y, ¿tú cómo sabes eso? -se sorprendió Bea.

Almodóvar y el comisario se miraron un instante y sonrieron. El jefe conocía a García desde hacía muchos años y sabía de las muchas habilidades sorprendentes de este policía intelectual.

-Bueno, yo ya he resuelto muchos casos en mi vida. Y no siempre me he dedicado a las obras de arte -cortó García la curiosidad de su compañera alemana.

-Pero ¿qué pretendía hacer este tipo con esta fórmula? -preguntó Bea totalmente aturdida.

-No lo sé, pero no creo que fuera a utilizar el microfilm como sello para enviar una postal de Navidad a la familia.

-Será mejor que le preguntemos a él -propuso Almodóvar.

Los tres se acercaron al detenido que seguía sentado en una mesa con las manos esposadas a la espalda y se lo llevaron a una habitación contigua.

ÜBUNG 68 !

Übung 68: Lesen Sie weiter und setzen Sie das passende Synonym ein! ***(observar, detrás de, claridad, rostro, expresión, contestar)***

La habitación estaba amueblada sólo con un escritorio y algunas sillas. Era la habitación para los interrogatorios. Su mobiliario austero y aspecto algo lúgubre estaban pensados para asustar a los detenidos para que fuesen más generosos en sus declaraciones. Lo sentaron en una de las sillas a un lado de la mesa y lo (1. miraron) ________ ________ con (2. cara) ________________ de pocos amigos. El terrorista tenía las manos esposadas a la silla. La venda en la cabeza y su cara blanquecina y algo juvenil le hacían parecer un pobre chico accidentado. Nada más lejos de la realidad.

- ¿Habla español? -preguntó Bea.

- Sí, sabe hablar español – (3. respondió) ____________ García.

La habitación estaba a oscuras, sólo había una lámpara de escritorio encendida y enfocaba (4. la cara) ________________________ del terrorista que tenía que cerrar un poco los ojos para protegerlos de (5. la luz) ________________.

Bea y Almodóvar se sentaron en dos sillas al fondo de la habitación (6. a espaldas) __________________ del interrogado.

García se quedó de pie y se dispuso a interrogar al terrorista.

-Bueno, señor Wayne -dijo el comisario-. ¿Por qué no nos explica que pretendía hacer con la bomba?

-No pienso decir nada y pido que venga mi abogado. Conozco mis derechos.

El comisario ignoró su petición y siguió preguntando.

-¿Por qué mató a la bailaora?

-Yo no he matado a nadie.

-¿Acostumbra a dejar cadáveres allá por donde pasa?

-Le repito que yo no he matado a nadie -respondió el terrorista-, al menos a ninguna bailaora -concluyó con una sonrisa en los labios. Se sentía fuerte, seguro.

-Deje de disimular -dijo el comisario señalando a Bea-. ¿Qué pretendía hacer con la bomba nuclear?
El detenido no contestó. Se limitó a sonreír de forma provocadora.

ÜBUNG 69 !

Übung 69: Lesen Sie weiter und übersetzen Sie die Wörter in Klammern!

- Bueno, le aseguro que si no (1. zusammenarbeiten) ____________ lo acusaremos de haber asesinado a una persona y de participar en actividades terroristas. Todo eso puede costarle unos cuantos años en (2. Gefängnis) ____________.Y me da igual que haya sido culpable o no. Mientras no me pueda convencer de lo contrario he de suponer que es usted el asesino de la bailaora Carmen -añadió el comisario para darle más énfasis a sus preguntas.
El terrorista (3. überlegte) ____________ un momento. No tenía (4. Lust) ____________ de pagar por un crimen que no había cometido y por otro que ya no iba a poder cometer.
- Está bien -dijo finalmente el interrogado-. (5. Ich gehöre) ____________ a una banda terrorista que desea hacerse con el microfilm para poder construir una bomba nuclear.
- Y ¿qué pretenden hacer con esa bomba?, ¿dónde la van a (6. benutzen) ____________? -preguntó García.

-No pretenderá que le diga...
García dio un golpe sobre la mesa haciéndose daño en la mano.

Con disimulo la retiró y se la llevó a la espalda. Sin embargo, su voz seguía firme:
-Mire, no estamos para perder el tiempo. O me dice ahora mismo qué planes tienen o le acusamos de asesinato.
El detenido cerró un momento los ojos como visualizando lo que se le venía encima si no colaboraba.
Finalmente accedió:
-Están planeando un atentado terrorista en Alemania, concretamente en Berlín.
-¿En Berlín? -se oyó la voz de Bea.
-Sí, en Berlín. La puerta de Brandenburgo.
-¡Pero eso es terrible! –exclamó Bea- ¡Una bomba nuclear en mitad de Europa! ¡Se han vuelto locos!

Bea fue la que más se alarmó. Tenía familia en Berlín. Era la capital de su patria, un país que hasta ahora se había salvado de los atentados terroristas que amenazaban Europa. La policía alemana tuvo que sentarse un momento.
El interrogado ignoró los comentarios de Bea.
-Y ¿a usted la parece normal atentar contra la vida de millones de personas inocentes? -preguntó el comisario indignado, aunque arrepintiéndose enseguida de haber formulado una pregunta así, ahora que tenía al terrorista dónde él quería.
-Si me pareciese normal, no lo intentaría -respondió el terrorista convencido-. Nosotros no queremos lo normal, sino que el terror que el imperialismo occidental ha llevado al resto del mundo vuelva a su origen, que cause daño aquí.
Bea, García y Almodóvar estaban horrorizados. Sólo pensar en la posibilidad de que pasara algo así les ponía la carne de gallina. Se quedaron estupefactos por unos instantes. Eran conscientes de lo que habían evitado.

Los tres policías salieron de la sala de interrogatorios al pasillo. Se pusieron a comentar lo que acababan de oír.
Mientras Bea y Almodóvar discutían acaloradamente, dando salida a las emociones contenidas durante el interrogatorio, el comisario se quedó en silencio.
García miraba al suelo, con la mirada perdida y mordiéndose los labios. Trataba de entenderlo. Su cerebro trabajaba a toda máquina, intentando reconstruir el rompecabezas, recomponiendo toda la historia del crimen.
Bueno, mejor dicho, de los crímenes, porque ahora había dos: el robo de la figura de jade y el asesinato.
-Hay que dar parte de esto a la Interpol -dijo Almodóvar sacando a García de su silencio:
-Sí, sí, sí, por supuesto, hay que dar parte. Id dando parte que yo voy ahora.
-José, ¿estás bien? -se interesó Bea.
-¿Cómo?
-¿Que si estás bien? Te noto algo ido.
-Ya, no te preocupes, estoy muy bien. Sólo que sigo dándole vueltas a todo esto...

Bea y Almodóvar bajaron a la planta baja para desde allí ponerse en contacto con la Interpol. Bea además quería dar parte inmediatamente a la policía alemana. Seguía muy preocupada.
Ya estaban bajando las escaleras cuando de lejos se oyó la voz de García:
-... pero aún tengo que hacerle una última pregunta.

García se miró al espejo. Tenía mala cara. Nunca tengo buena cara, pensó. Cerró el grifo y se secó las manos en el secador que colgaba junto al lavabo.

Se había refrescado la cara e iba a volver a entrar. Le daba asco ese tipo. Lo suyo era el arte, la cultura, la estética. Había dejado el servicio de inteligencia porque ya no podía aguantar su repulsa hacia la violencia, el desprecio a la vida humana y las cosas bellas. Y ahora esto.

Es como si hubiese vuelto a los viejos tiempos. No todos los tiempos pasados fueron mejores.

Los suyos desde luego no lo fueron.

Echó un vistazo a la bragueta, para asegurarse de que la había cerrado y salió decidido a por el terrorista. Había que aclarar ese último punto.

-¿Cómo sabía usted que este microfilm se encontraba dentro de la figura de jade?

El terrorista sonrió. Se daba cuenta del estado de ánimo del comisario.

-Alguien que trabaja en el tablao me vendió esa información -contestó Wayne.

-¿Le vendió la información? -repitió García.

-Sí, por darnos esa información se llevó un buen pellizco.

-¿Cuánto? -preguntó el comisario.

-Un millón de euros.

-¡Vaya! -pensó-. ¡Eso es un montón de dinero!

-Sí, en efecto -le leyó el pensamiento el terrorista-. Y esa persona estará ahora disfrutando con el dinero en el bolsillo y probablemente preparando un viaje muy, muy largo y muy, muy lejos.

-¿Quién es esa persona? -preguntó García.

-No lo sé.

-¿Cómo que no lo sabe? No me venga con estupideces, ya se lo he advertido.

-Nuestros contactos se producían por escrito -contestó el detenido-. Nunca llegué a verle la cara.

Übung 70: Lesen Sie weiter und setzen Sie folgende Wörter in die Lücken ein: ***información, intercambio, lugar, mujer, dinero, papelera, oferta!***

-¿Ni siquiera sabe si se trata de un hombre o de una (1.) mujer ? -prosiguió el comisario en el interrogatorio.

-No, no sé nada de esa persona -continuó el detenido-. Nos escribió una vez haciéndonos una (2.) oferta y la aceptamos. Luego acordamos un (3.) lugar para intercambiar la información y el (4.) dinero.

El comisario se quedó pensando.

En seguida prosiguió:

-¿Dónde fue el (5.) ____________________?

-Le dejamos el dinero metido en una bolsa dentro de una papelera -respondió el detenido-, y después nos dejó la información metida en un sobre en el mismo lugar. El lugar acordado fue en una (6.) papelera del Parque Güell.

-¿Por qué no les entregó en ese momento también la figura de jade?

-Pues porque no era lo acordado. Él o ella nos vendió la (7.) infor-mación de dónde se encontraba el microfilm y nosotros nos encargaríamos de obtenerla.

-¿No tenían miedo de que fuese una información falsa?
El detenido sonrió ligeramente y dijo:
-Nadie se habría atrevido a engañarnos si aprecia en algo su vida.

Además nosotros hacemos nuestras investigaciones.
El comisario se interesó por lo que acababa de decir el detenido:
-¿Qué averiguaron en sus investigaciones?
El terrorista se reclinó en la silla y se puso cómodo. Trató de hacerse el desinteresado:
-Vaya, eso habrán de averiguarlo ustedes mismos.
El comisario respondió tranquilo:
-Qué lástima, por un momento pensé que realmente habían averiguado algo, pero ya veo que no es así.
El terrorista trató de averiguar si el comisario lo decía en serio. No estaba seguro.
-Está bien, se lo contaré. Es una historia sorprendente que nosotros hemos comprobado detalle a detalle. Y la organización es muy seria en estas cosas.
El comisario se sentó y escuchó.
-Cuando nos comunicaron que en un tablao flamenco se hallaba una figura de jade que contenía un microfilm con las fórmulas necesarias para fabricar una bomba atómica nos pusimos a investigar. No es muy común recibir este tipo de información y menos aún con un contenido aparentemente tan disparatado.
Parece ser que hubo un agente de la KGB en España que por alguna circunstancia llegó a poseer ese microfilm que acaban de ver ustedes. Con un paquete así, la vida resulta bastante complicada. Si yo hubiese sido él habría tratado de venderlo lo antes posible, pero parece que él se lo quedó.
El comisario siguió atento aunque de momento no parecía que iba a oír nada nuevo. Wayne prosiguió:
-En fin, resumiendo: ese loco sobrevivió a un sinfín de atentados y logró esquivar a todos los servicios secretos del mundo que le perseguían para obtener el microfilm. Durante unos meses fue el hombre más perseguido del planeta.

Antes de morir, y siendo consciente de lo cercano que estaba el final de su vida -siguió el terrorista-, decidió esconder el microfilm. Pensó que mientras lo tuviese en su poder quizás decidieran no matarlo. Se equivocó.

El microfilm lo escondió en una figura de jade.

El comisario se levantó de su silla, se acercó al terrorista mirándole fijamente a los ojos. Y le dijo:

-Ya lo sabía. No me ha contado nada nuevo... y espero que se pudra en la cárcel.

Al menos tenía la confirmación de lo que sospechaban. Ahora ya sabían cómo había llegado el microfilm hasta Carmen.

Übung 71: Setzen Sie das passende Adjektiv ein!
(vago, sociable, torpe, listo, estricto, refinado, superficial, educado)

1. El comisario García es un poco ______________. Siempre tropieza con todo.
2. Algunos maestros son demasiado ______________ con sus alumnos.
3. Los hijos de Paco son muy ______________. Siempre dan las gracias.
4. Los vecinos tienen un gusto muy ______________. Sólo van a lugares muy selectos.
5. María es muy ______________. Sólo habla de ropa.
6. Luis es algo ______________. Nunca hace nada.

7. El comisario García es muy ______________ porque siempre resuelve los casos.

8. Bea es tan ______________ que conoce a muchísima gente.

Encontró a Bea sentada en las escaleras de la entrada al edificio de la policía. Se sentó junto a ella y le contó lo que acababa de relatar Wayne.

-Aún quedan preguntas sin responder -reflexionó Bea-. ¿Quién podía saber que el microfilm estaba dentro de la figura?

-Eso es algo que habremos de averiguar.

-Y si no fue el terrorista, ¿quién mató a Carmen?

Almodóvar intervino desde atrás, saliendo del edificio, sin darle ocasión a García a responder:

-Es muy tarde y todos nos merecemos un descanso. Id a casa a dormir. Hoy han pasado muchas cosas y mañana será otro día.

Bea y el comisario se despidieron de Almodóvar y llamaron a un taxi para regresar a casa.

Esperando en la acera, ya solos, siguieron con su conversación.

-¿Qué opinas de todo esto? -preguntó García.

-¡Toda esta historia es increíble! -exclamó Bea.

-Sí, pero hay algunas cosas que poco a poco se van aclarando -dijo García.

-¿A qué te refieres? -preguntó Bea.

-Ya sabemos cómo fue a parar el microfilm dentro de la figura de jade.

-El padre de Carmen era una especie de espía que tenía a su disposición la fórmula de la bomba. Sabía que lo perseguían las personas que terminaron matándolo haciendo pasar el asesinato por un accidente. Y para que la fórmula no cayera en manos de los asesinos la guardó en un sitio en el que pensó que estaría segura: en la figura de jade -concluyó Bea.

-Exacto. Y le regaló la figura a su hija para que estuviese más segura. Podía estar seguro de que su hija iba a mantenerla siempre en la familia como recuerdo del padre.
-Y ¿qué otras personas podían saber que la fórmula se encontraba allí? -preguntó Bea.
-Creo que hay al menos tres personas que podían saberlo.
-¿Quiénes?
-Carmen y María por medio de su padre. Carmen está muerta por lo que queda María como sospechosa.
-Y ¿cuál es la tercera persona?
-La tercera persona es Antonio -respondió el comisario.
Bea tenía en la cara una expresión de sorpresa.
-¿Por qué Antonio?
-Los padres de Antonio y de la bailaora eran muy amigos. Quizá incluso colegas. El padre de Antonio también podía conocer esa información y, por medio de él, también podía saberlo su hijo.
-Pero ¿qué tendrá que ver todo esto con el asesinato de Carmen? -preguntó de nuevo Bea.
-Eso es algo que aún tenemos que descubrir. Puede que el robo y el asesinato realmente no tengan nada que ver el uno con el otro y que haya sido simplemente una casualidad que hayan ocurrido en la misma noche.
-Sí, puede que sea así pero aún está por ver -dudó Bea.
-Al menos, la fórmula secreta de la bomba está ahora en buenas manos y no hay peligro de un atentado terrorista gracias a nuestro trabajo de hoy -dijo el comisario.
-Sí, eso ha sido muy importante y también que haya un terrorista menos suelto por ahí -confirmó Bea-. Hemos hecho un buen trabajo.
Bea y el comisario estaban una vez más agotados por un día tan estresante.

Übung 72: Lesen Sie weiter und unterstreichen Sie die spanische Übersetzung der folgenden Wörter: ***1. grauenhaft, 2. Telefonhörer, 3. Verhör, 4. besorgt, 5. Überraschungen, 6. begleitete!***

García acompañó a Bea a su casa, se despidió de ella y luego el taxi le llevó a la suya.
Seguramente el día siguiente sería también un día lleno de sorpresas pero el comisario esperaba que no fueran sorpresas tan espeluznantes como las que habían vivido ese mismo día. Aún quedaba mucho por resolver.
Lo primero que oyó cuando despertó fue el teléfono. García lo dejó sonar un poco más porque aún no podía abrir los ojos o pensar con claridad.
Cuando descolgó el auricular oyó la voz de Antonio.
-¿Comisario? ¿Está usted ahí?
-Sí, sí… ¿Antonio? ¿qué quieres a estas hora de la mañana?
-Comisario, ya son las diez de la mañana. ¿Todavía estaba durmiendo?
-Sí, es que el día de ayer fue muy largo.
La noche anterior había llegado a su casa muy tarde después del interrogatorio y aún estaba muerto de cansancio.
-¿Qué quieres, Antonio?
-Pues verá, es que….estoy preocupado.

-¿Por qué?
-Será mejor que lo hablemos en privado -respondió Antonio-. ¿Qué le parece si nos encontramos para hablar de ello?
-Muy bien, ¿dónde podemos vernos?
-¿Qué le parece el Parque Güell?
-¿El Parque Güell?
-Sí.

Eso le sonó al comisario bastante sospechoso o ¿sería simplemente una casualidad?

-Está bien. Dentro de una hora nos encontraremos allí.

-¿Dónde nos vemos?

-En la plaza de arriba.

-Muy bien. Hasta luego.

Después de colgar el auricular del teléfono el comisario llamó a la comisaría para preguntar si había alguna nueva noticia y para preguntar por el detenido.

ÜBUNG 73 !

Übung 73: Lesen Sie weiter, ergänzen und übersetzen Sie diese Wörter: ***fecha, noticia, víctima, detenido, pañuelo, juicio, pista, autopsia!***

Almodóvar le dijo que el (1.) ________________ había sido puesto a disposición judicial y, de momento, no habían fijado aún una (2.) ________________ para el (3.) ________________.

-Ah, tengo otra (4.) ______________, García -continuó Almodóvar.

-¿Sí? ¿Cuál?

-Ha llegado el resultado de la (5.) ________________ del cadáver de Carmen.

-Y ¿qué dice?

-La causa de la muerte fue por estrangulamiento como ya sospechábamos. Sin embargo, hay un dato nuevo. Se encontraron fibras de un tejido de seda negro en el cuello de la (6.) ________________.

-¿Eso significa que Carmen fue estrangulada con un (7.) ________ ________ de seda negro?

-En efecto.

-Gracias, Almodóvar.

-Espero que esta nueva (8.) ________ le ayude a avanzar en sus investigaciones -terminó diciendo Almodóvar.

-Sí, me ha ayudado mucho. Eso significa que Carmen probablemente fue estrangulada con el pañuelo negro bordado en seda que había perdido esa noche y que no encontraba. Seguramente lo cogió el asesino para matarla con él.
-Sí, ahora sólo hay que averiguar quién tiene ese pañuelo.
García y Almodóvar se despidieron.
Después de colgar el teléfono el comisario llamó a Bea para contarle el resultado de la autopsia y avisarla del encuentro en el Parque Güell. Pasaría por su casa a recogerla en media hora.

Übung 74: Was gehört zusammen? Setzen Sie die richtige Ziffer ein!

ÜBUNG 74

1. la superficie	☐ Drache
2. la baldosa	☐ Gebäude
3. la columna	☐ Vortreppe
4. el nido	☐ uneben
5. la escalinata	☐ Säule
6. la escama	☐ Fliese
7. el dragón	☐ Oberfläche
8. rugosa	☐ Nest
9. la construcción	☐ Schuppe

Una hora después se encontraban en el Parque Güell. Este parque era una de las obras más importante del arquitecto modernista Antonio Gaudí.

Todas las escalinatas, bancos y construcciones muestran una forma irregular, orgánica que se adapta a las superficies curvas, también sin forma definida, creadas por el arquitecto.

Esas mismas formas curvas le dan a la obra el aspecto de una creación de la naturaleza. Unas veces columnas como nidos de termitas, otras veces superficies como las escamas en la piel rugosa de un monstruo.

Toda la obra es un conjunto de gran colorido y fantasía.

Cuando García y Bea llegaron al parque fueron recibidos en la escalinata principal por un dragón de colores que, en vez de fuego, echaba agua por la boca.

ÜBUNG 75 !

Übung 75: Füllen Sie die Lücken mit ***algo, nada, alguien, nadie*** *oder* ***todo****!*

1. ¿No ha llegado ______________ todavía? Sí, ya ha llegado ______________.

2. No se molesta por ______________.

3. ¿Hay ______________ aquí?

4. Hoy no he salido con ______________.

5. ¿Te pasa ______________?

6. Me gusta ______________.

7. No me importa ______________.

8. ¿Quiere usted ______________ más?

Subieron por las escaleras hasta la plaza que se encontraba arriba y vieron a Antonio sentado en uno de los bancos que la bordeaban.
-¡Hola, Antonio!
-¡Buenos días!
-Anda, cuéntanos qué es lo que te pasa.
-Pues verá, creo que María se ha vuelto loca. Anda por ahí con el diario de Carmen en la mano diciendo que yo era su amante y que había discutido con su novio por mi culpa.
-Y ¿no es cierto? -quiso saber Bea.
-¡No! -respondió Antonio un poco exaltado-. Si Carmen engañaba a Luis con otro ese otro desde luego no soy yo. Quiero que eso quede claro para que no me puedan acusar de asesinato o algo así.
-¿Cómo era su relación con Carmen? -preguntó la joven policía.
-¡Ya lo he dicho! Nos llevábamos muy bien y nos conocíamos desde hace muchos años pero nunca estuvimos liados. Era una amiga para mí, nada más. Pero si María sigue diciendo eso por ahí, Luis se va a enfadar mucho conmigo sin motivo.
-¿Y? ¿Tiene miedo?
-¡Bueno, simplemente no quiero problemas! Si pudieran hablar con María…para convencerla de que me deje en paz.
-Está bien, lo intentaremos -terminó diciendo García.
-¡Gracias, comisario!
-Nosotros también tenemos una pregunta que hacerte, Antonio.
-¿Sí? ¿Cuál?
-¿Sabes por qué han intentado robar la figura?
-No tengo la menor idea.
-¿No sabes nada de la existencia de un microfilm que estaba dentro de la figura de jade?
-Le repito que no tenía la menor idea -contestó Antonio-. ¿Por qué lo iba a saber yo?
-Porque ese microfilm lo introdujo el padre de Carmen dentro de la

figura y las únicas personas que podían saberlo eran las hermanas, a través de su padre, y tú.

-¿Por qué yo?

-Porque tu padre era un gran amigo del padre de las hermanas y seguramente también conocía el secreto.

-Mire, comisario… No sé si mi padre sabía algo de ese microfilm o no, pero lo único que le puedo asegurar es que yo no tenía ni idea de la existencia de un microfilm.

Bea y el comisario se miraron. Aparentemente Antonio no sabía nada sobre un microfilm o sobre la fórmula de la bomba. Su reacción era la de una persona completamente inocente.

Sin embargo, el comisario no podía descartar que Antonio siguiese siendo un sospechoso.

Se despidieron de él y fueron a ver a Luis.

ÜBUNG 76 !

Übung 76: Unterstreichen Sie das „schwarze Schaf“!

1. tren, coche, barco, avión, asiento
2. rotulador, lápiz, escritorio, bolígrafo, pluma
3. tonto, atento, alto, extenso, presumido
4. puerta, mesa, silla, armario, cama
5. lagarto, cuervo, dragón, león, gaviota
6. frigorífico, horno, fregadero, microondas, lavadora

Habían quedado con él en un chiringuito de la playa.

Cuando llegaron ya estaba Luis ahí esperándolos.

-¡Hola! -saludó Bea

-¡Hola! ¿Qué tal?

Luis estaba sentado en una mesita colocada en la arena de la playa. Estaba descalzo metiendo los pies en la arena y llevaba unos

pantalones vaqueros y una camiseta.
Era un poco raro verlo vestido así porque en el tablao llevaba siempre uniforme, es decir, camisa blanca y pantalón negro.
-Aquí se siente uno muy a gusto oyendo el sonido de las olas y respirando el olor a sal marina traído por la brisa -dijo Luis.
-¿Hace mucho tiempo que esperas?
-No, hace un momento que he llegado pero ya he pedido algo para beber.
-Y ¿qué tomas?
-Un Campari naranja. Era la bebida favorita de Carmen.
-Ah ¿sí? ¿Cómo lo sabes? -preguntó García.
Al parecer Luis conocía muy bien a la víctima.
-La pedía muchas veces en el bar del tablao -respondió Luis-. Y ¿qué queréis vosotros? -preguntó Luis levantándose para ir hacia la barra-. Aquí tenemos que servirnos nosotros mismos porque el camarero no viene a las mesas -explicó Luis-. Os pediré algo.
-Bueno, muchas gracias. Tomaré un café -dijo el comisario-. No podemos beber alcohol porque estamos de servicio.
-Ah, comprendo -respondió Luis.
-Yo tomaré un zumo de naranja -dijo Bea.

Übung 77: Welche Ergänzung passt zu folgenden Verben?

1. tomar	☐	un favor
2. recordar	☐	un delito
3. mantener	☐	muy bien
4. llevar	☐	al trabajo
5. cometer	☐	la infancia
6. pedir	☐	una decisión
7. renunciar	☐	un caso
8. pasarlo	☐	una conversación

Al cabo de un momento regresó Luis con las bebidas en la mano.
-Bueno y ¿qué queréis preguntarme?
-Sólo queríamos preguntarte un poco sobre tu relación con Carmen -dijo el comisario.
-Mi relación con Carmen era una relación normal entre dos personas que trabajan en el mismo lugar. Nada más.
-Luis, no disimules. Sabemos, por el diario de Carmen, que salíais juntos y que lo manteníais en secreto porque al jefe no le gusta que haya líos entre las personas que trabajan en el tablao -dijo Bea.
Luis se quedó en silencio un momento. Entonces suspiró y asintió.
-Podíais haberlo dicho desde el principio. Sí, Carmen y yo salíamos juntos a veces.
-¿Por qué no lo has dicho inmediatamente?
-Porque no quiero que penséis que tengo algo que ver con su muerte -aclaró Luis-. Soy inocente y no quiero líos.
-¿Cómo describirías a Carmen? ¿Qué tipo de persona era? -preguntó el comisario.
-Era una buena chica y una gran bailaora aunque un poco vanidosa.
-¿Vanidosa?
-Sí, ya sabes -a Luis le temblaba la voz-, le encantaba tener admiradores y que le hiciesen regalos, que la tratasen como a una reina.
-¿Tenía muchos admiradores?
-Sí, tenía unos cuantos entre la gente que iba a verla bailar.
-¿Qué clase de regalos le hacían?
-Bueno, no sé... Por ejemplo, una vez le regalaron un pañuelo negro de seda bordado.
-¿Quién se lo regaló? -preguntó García.
-No lo sé.
-¿No te molestaba que ella tuviera tanto éxito con otros hombres?
-No, en absoluto -respondió Luis con la mirada perdida.

Bea y el comisario dudaban que Luis hubiese sido completamente sincero. No les parecía un tipo tan sereno como para no tener nunca celos.

En cuanto al pañuelo, aún no sabían quién se lo había regalado a Carmen pero al menos sabían que Luis conocía su existencia y que podía haberlo cogido del camerino de Carmen para matarla después con él.

Bea y García se despidieron de Luis agradeciéndole su ayuda.

Übung 78: Wie lautet der Satz richtig?

1. Bea y el comisario sacan dinero…
   a) □ del banco.
   b) □ al banco.
   c) □ en el banco.

2. Por las noches sueñan…
   a) □ de unas vacaciones.
   b) □ ante unas vacaciones.
   c) □ con unas vacaciones.

3. Los ateos no creen…
   a) □ por Dios.
   b) □ en Dios.
   c) □ a Dios.

4. Bea empieza…
   a) □ a entender.
   b) □ para entender.
   c) □ de entender.

-¿Qué te parece si damos un paseo por la playa? -preguntó el comisario-. Así podremos hablar tranquilamente de nuestro próximo paso en la investigación.
-Muy bien, entonces me quitaré los zapatos. Podemos ir por la orilla del mar.
Ambos se quitaron los zapatos y metieron los pies en la arena que estaba aún algo caliente por el sol de la mañana.
El aire del mar parecía que les entraba a través de los pulmones para refrescar y limpiar sus mentes gastadas.
-Creo que Luis no es sincero -comenzó Bea-. Tenemos que inventarnos un plan para resolver este caso y que el asesino confiese su delito.
-Tienes razón -respondió el comisario reflexionando-, pero ¿cómo lograremos que Luis confiese su delito? Si es que realmente es el asesino, claro. Porque sólo por haber tenido una relación con la muerta no se convierte uno en asesino... digo yo, vamos.
-Quizá con una trampa -dijo Bea-. Con un cebo podríamos descubrir quién es el asesino.
-¡Se me acaba de ocurrir una idea! -exclamó el comisario con un brillo en su mirada.
-¿Qué idea? -preguntó Bea.
-Necesitamos la ayuda de Antonio para descubrir al asesino.

ÜBUNG 79 !

Übung 79: Welche Verben können Sie von diesen Substantiven ableiten? Setzen Sie ein!

1. el viaje ______________
2. la comida ______________
3. el paseo ______________

4. el pensamiento ______________________

5. la lectura ______________________

6. la despedida ______________________

El paseo por la playa duró poco, demasiado poco.
Bea y el comisario fueron de nuevo a hacerle una visita a Antonio que no vivía demasiado lejos y hablaron con él.
-Antonio, necesitamos tu ayuda -dijo García.
-Ningún problema, comisario.
-Si Luis ha matado a Carmen, lo ha hecho por celos, es decir, porque creía que Carmen estaba liada con otro y ese era el motivo por el que lo había abandonado -dedujo García- ¿No es cierto?
-Pues, sí. Es lo más probable -reconoció Antonio.
-Entonces, Luis seguirá estando celoso y lleno de rabia contra el amante de Carmen -continuó García-. Si ahora cree que Antonio fue el amante de Carmen, también intentará matarlo a él -dijo dirigiéndose a Bea pero esperando la reacción de Antonio.
-Pero ¿qué dice? ¡Eso es lo último que me faltaba! -exclamó Antonio.
-Sin duda, lo intentará -confirmó Bea.
-¡Entonces podemos tenderle una trampa utilizando a Antonio como cebo!
-¡Perfecto! -exclamó Bea-. ¡Una idea genial!
-¿Perfecto? -se quejó Antonio-. A mí no me parece nada perfecto hacer de cebo.
Bea y el comisario miraron a Antonio fijamente con el ceño fruncido.
-Bueno, bueno… ¡Está bien, lo haré! -terminó accediendo Antonio.
-Prepararemos una actuación especial en honor a Carmen en la que tú bailarás como estrella principal -reflexionó García-. Después, en el descanso irás al camerino de Carmen como ella lo hizo el día de su muerte y allí esperarás al asesino de Carmen que seguramente

aparecerá para intentar matarte.
-¿Crees que funcionará? -preguntó Bea.
-Bueno, probaremos a ver si funciona y si no intentaremos otra cosa.

Bea, el comisario y Antonio planearon la actuación para esa noche. Antonio se despidió de ellos para ensayar un poco antes de la actuación, una actuación que podía ser la última para él.
Sentía bastante miedo pero intentó concentrarse en su baile y no pensar en otras cosas.

ÜBUNG 80 !

Übung 80: Lesen Sie weiter und streichen Sie das nicht passende Wort!

Bea y García decidieron (1.) tomar/comer un cortado antes de ir al tablao a (2.) oír/ver la actuación para planear cómo iban a proceder.
- Poco antes de terminar la primera parte de la actuación me levantaré de la mesa donde estemos (3.) sentados/levantados para ir al camerino de Carmen. Allí me esconderé detrás del biombo y esperaré. (4.) Primero/Segundo aparecerá Antonio, se sentará en un (5.) un armario/una silla y se refrescará un poco preparándose para la segunda parte de la actuación. En ese momento, espero, (6.) saldrá/llegará Luis para intentar matar a Antonio y entonces (7.) intervendré/dormiré yo. Le sorprenderé saltando desde detrás del biombo. Tú (8.) saldrás/entrarás en ese momento para (9.) intentar/evitar que se escape por la (10.) ventana/puerta de salida -explicó García.

-No te preocupes, no escapará -contestó Bea.
Después de hablar de los detalles de su plan para la actuación de esa noche el comisario le propuso a Bea algo para cuando resolvieran el caso:

-Bea, cuando termine todo esto te voy a invitar a tomar unos cócteles en la coctelería con más historia de toda Barcelona. Se llama Boadas y está en la Rambla -explicó García-. Es una coctelería fundada en 1933, pequeña y agradable.
-Muy bien, acepto…pero ¡invito yo!
-¡Ni pensarlo!
-Sí, sí.
Así siguieron discutiendo hasta que llegaron a "La guitarra".

Übung 81: Beantworten Sie folgende Fragen!

ÜBUNG 81

1. ¿Era Carmen una buena bailaora?

   Sí, Carmen era una buena bailaora.

2. ¿Está Bea en forma?

   ____

3. ¿Le gusta al comisario el flamenco?

   ____

4. ¿Está María contenta con la muerte de su hermana?

   ____

5. ¿Baila Antonio con Carmen?

   ____

El ambiente en el tablao era, como siempre, muy animado. Los clientes empezaban espontáneamente a cantar alguna bulería o alguna rumba.
Bea y el comisario fueron primero al camerino para explicarle a Antonio cuál era el plan. Nadie más podía saber de él, ni María, ni los López.

Después volvieron a la sala donde estaba el escenario y se sentaron en una mesa a un lado de la sala para poder levantarse y salir sin llamar la atención.
La actuación de Antonio empezó. La gente dejó de hablar y de cantar y se concentró en el baile.
El bailaor empezó con una seguidilla. Sus zapatos taconeaban en el suelo con fuerza y habilidad y sus brazos se movían bajos de un lado a otro. Su cuerpo entero vibraba al compás de la música y de las palmas. Después siguió con un tango y una bulería. Por último, Antonio terminó con una soleá. Esa era la señal acordada.
El comisario sabía que ese sería su último baile antes de ir al camerino y, antes de que terminara, se levantó discretamente y se dirigió al camerino de Carmen. Allí se escondió detrás del biombo a esperar.

ÜBUNG 82 !

Übung 82: Bilden Sie die negative Form folgender Imperative!

1. ¡Pruébatelo! ¡No te lo pruebes!
2. ¡Dánoslo! ....
3. ¡Recuérdamelo! ....
4. ¡Mándasela! ....
5. ¡Cómpramelos! ....
6. ¡Póngaselo! ....

El público estaba entusiasmado con el baile de Antonio que, completamente agotado, se retiró a descansar un rato.
Había llegado el momento decisivo y estaba bastante nervioso pensando que quizá ahora aparecería alguien que intentaría matarlo. Antonio fue al camerino de Carmen.

El bailaor se refrescó y bebió agua.

Luego se sentó intentando concentrarse en la segunda parte de su actuación. Aunque esto era muy difícil.

Sabía que el comisario estaba allí, detrás del biombo, esperando a que llegara el asesino pero no cruzaron ninguna palabra para no delatarse. Al cabo de unos minutos se abrió la puerta. Alguien entró en la habitación y Antonio pudo reconocerlo a través del espejo: era Luis. Llevaba una pistola en la mano y cerró la puerta rápidamente tras de sí.

Übung 83: Bilden Sie die positive Form folgender Imperative!

! ÜBUNG 83

1. No se lo quiten. ______________________
2. No lo rompas. ______________________
3. No me lo laves. ______________________
4. No se lo regales. ______________________
5. No os lo creáis. ______________________
6. No nos la des. ______________________

El comisario siguió escondido sin poder ver de quién se trataba. Lo reconocería en seguida por su voz que tan amiga le había parecido hasta hace poco.

-Pero que… ¿qué significa esa pistola? -preguntó Antonio simulando sorpresa.

-¡Aquí estás rata asquerosa! -dijo Luis.

-No sé de qué me estás hablando.

-¡Lo sabes perfectamente!

-Además de robarle la mujer a otro quieres hacerte pasar por inocente.

-¿Qué quieres decir con robarle la mujer a otro?
-Sabías que Carmen era mi novia y, aún así, te liaste con ella.
-Estás equivocado -replicó Antonio-. Ni sabía que Carmen y tú erais novios, ni que ella tuviera un amante. Si Carmen estaba liada con otro, ese no era yo.
Antonio se preguntaba nervioso por qué el comisario tardaba tanto tiempo en intervenir.
-¡No me mientas o te mataré a ti también!
-Así que has sido tú quien la estranguló -dijo decepcionado Antonio.
-Sí, ya estaba cansado de su desprecio y de sus infidelidades y la estrangulé con el pañuelo que le había regalado su amante -confesó Luis-. Un pañuelo de seda negra bordado.
García pensó que ya era el momento de salir de su escondite puesto que Luis había confesado su delito. Salió de un salto de detrás del biombo y apuntó a Luis con su pistola.
-¡Manos arriba y suelta la pistola! -gritó García. Ya he oído todo lo que necesitaba.
-¿Qué es esto? ¿Una trampa? -preguntó Luis.
-Sí y ha dado resultado ¿no te parece? -y repitió- ¡Deja la pistola en el suelo!

ÜBUNG 84 !

Übung 84: Formen Sie dem Beispiel folgend um!

1. Los terroristas fueron capturados por la policía.

   La policía capturó a los terroristas.

2. La bailaora fue asesinada por el bailaor.

   ____

3. El crimen fue descubierto por el comisario García y Bea.

4. Las calles fueron ocupadas por la gente.

5. Los documentos fueron examinados por los abogados.

6. El coche fue reparado por el mecánico.

Justo en ese momento alguien abre la puerta empujando sin querer al comisario que estaba demasiado cerca de ella.

Al ser empujado desde atrás el comisario pierde su pistola que sale rodando por el suelo hasta una esquina de la habitación.

Luis aprovecha ese instante para recoger su pistola del suelo y amenazar a todos de nuevo con ella.

La persona que entraba era María que se quedó bastante sorprendida al ver lo que pasaba en el camerino de Carmen.

-¿Qué haces aquí? -preguntó Antonio.

-Venía a buscar la ropa de Carmen que tengo preparada en un bolso.

-Pues ahora te tendrás que quedar aquí -dijo Luis.

-Pero Luis…no pretenderás matarnos a todos -dijo el comisario-. ¡Luis, tienes que dejar el arma y pensar con sentido común!

Entretanto Paco López y su mujer se preguntaban qué ocurriría con Antonio puesto que ya había pasado más de media hora y no salía para bailar la segunda parte de su actuación.

ÜBUNG 85 !

Übung 85: Beantworten Sie folgende Fragen!
Benutzen Sie dafür diese Wörter: ***espinas, cáscara, miga, yema, clara, hueso!***

1. ¿Cómo se llama la parte dura de la aceituna?
   Se llama hueso.
2. ¿Cómo se llama la parte amarilla del huevo?
3. ¿Cómo se llama la parte interior del pan?
4. ¿Cómo se llama la parte blanca del huevo?
5. ¿Cómo se llaman los huesos del pescado?
6. ¿Cómo se llama la parte exterior de la almendra?

El público también empezaba a impacientarse.
Por eso, y temerosos de que le hubiese pasado algo a Antonio decidieron ir al camerino a ver que ocurría.
De camino al camerino de Antonio pasaron por el de Carmen. Oyeron voces dentro, entraron en la habitación y vieron que Luis les apuntaba con una pistola.
-¡Dios mío! -dijo Ana asustada-. ¡Tiene un arma!
-¡Bienvenidos a nuestra fiesta particular! -dijo Luis con sarcasmo.
-Pero ¿qué pasa aquí? -dijo Paco López.
-¡Nada jefe! -contestó Luis-. Antonio y yo estamos resolviendo un asunto personal pero, ya que están ustedes aquí, colóquense donde

están todos los demás para poder tenerlos a todos a tiro, por favor.
-Luis -dijo el dueño del local en tono amenazador-, o dejas ese arma inmediatamente o quedas despedido.
-Ja, ja -se rió Luis-. Perdone que me ría pero lo menos que me importa ahora es quedarme sin trabajo.

Übung 86: Wie lautet das Adjektiv?

1. nube ______________________
2. mar ______________________
3. calor ______________________
4. diversión ______________________
5. bondad ______________________
6. sol ______________________

La única persona que faltaba en esa habitación era Bea que, al ver que los López entraban en el camerino de Carmen, esperó un momento hasta actuar.
Detrás de la puerta cerrada se podía escuchar toda la conversación. Sacó su arma y se preparó para entrar. Bea entró rápidamente, sorprendiéndolos a todos y apuntando a Luis con su pistola.
-¡Manos arriba y tira la pistola! -dijo con decisión.
En vez de tirar la pistola Luis apuntó el cañón hacia Bea.
El comisario aprovechó ese instante para saltar sobre Luis e intentar quitarle la pistola pero Luis era un chico joven y bastante más ágil que García. No era tan fácil arrebatarle el arma.
Entonces Bea dio un tiro al aire gritando al mismo tiempo
-¡Policía! ¡Quietos todos!

Übung 87: Was braucht man wozu? Setzen Sie die richtige Ziffer ein!

1. Para aspirar el polvo necesitamos	☐	una lavadora
2. Para mantener la comida fría necesitamos	☐	un secador
3. Para secarnos el pelo necesitamos	☐	una secadora
4. Para lavar la ropa necesitamos	☐	un frigorífico
5. Para lavar la vajilla necesitamos	☐	un horno
6. Para hacer bizcochos necesitamos	☐	una aspiradora
7. Para secar la ropa necesitamos	☐	un lavavajillas

Sin embargo, Luis y García estaban tan concentrados en la lucha que no le hicieron el menor caso y siguieron peleando.

Ana y Paco se escondieron detrás del biombo al oír el disparo y temblaban muertos de miedo.
Antonio y María al principio no sabían que hacer.
Luego Antonio reaccionó y buscó la pistola del comisario que había caído deslizándose hasta una esquina de la habitación.
Cuando encontró la pistola apuntó también al asesino y disparó.
Todos gritaron asustados de nuevo por el disparo.
Afortunadamente, la bala no hirió a nadie sino que fue a parar a la pared atravesando un cartel de Joaquín Cortés.
Después de ese fallo y, por el mismo motivo que Bea, Antonio no se atrevió a disparar más pero siguió apuntando con la pistola a las dos personas que estaban en el suelo.
El dueño del local al ver esa situación reunió todo el valor que tenía y se abalanzó sobre los dos que luchaban intentando reducir a Luis y liberar al comisario que en ese momento estaba siendo estrangulado por el asesino.
Ana seguía escondida detrás del biombo y María estaba de pie en una esquina.

Übung 88: Was gehört wozu? Ordnen Sie zu! ***(camisa, col, maestro, fútbol, martillo, espinacas, mesa, tenis, tijeras, sombrero, cama, patatas, guantes, baloncesto, dentista, falda, estantería, equitación, lechuga, destornillador, arquitecto, taladro, médico, mesilla)***

1. mobiliario ____________________
2. ropa ____________________
3. herramientas ____________________
4. deportes ____________________
5. profesiones ____________________
6. verduras ____________________

En la habitación reinaba una confusión absoluta de pies, manos y cabezas que rodaban entrelazadas por el suelo.
Mientras tanto Bea y Antonio intentaban no perder de vista el arma que tenía Luis en la mano.
Finalmente, Ana salió de detrás del biombo y, viendo la situación, aprovechó un momento en el que su marido sujetaba con dificultad a Luis para coger un jarrón que había sobre el tocador.
-¡Toma! -gritó Ana rompiendo el jarrón en la cabeza de Luis.
Luis se levantó mirando a Ana como si no hubiera pasado nada pero a los pocos segundos cayó desplomado al suelo.
Por fin, habían podido reducir al asesino.
García le puso las esposas a Luis con las manos a la espalda.
-¡Ya tenemos al asesino! -exclamó Bea sonriendo.
Antonio se acercó a ellos.
-Yo también me alegro de que por fin se hayan acabado las acusaciones contra mí -dijo Antonio aliviado.
El asesino volvió en sí y el comisario lo ayudó a levantarse del suelo.
Bea llamó a la policía para que viniese un coche de patrulla a recoger

al detenido.
-Lo único que nos falta ahora es saber quién vendió la información que había en la figurita de jade y dónde está el dinero que los terroristas pagaron por ella -dijo Bea.
-Sí, espero que cuando interroguemos a Luis saquemos algo en claro pero puede que Luis no sepa nada de la figura ni del dinero.
-¡Un momento! -dijo Bea-. ¡Aquí falta alguien!
-Tienes razón -confirmó el comisario-, ¡María ha desaparecido!
Bea les preguntó a los López si la habían visto.
-La vi salir del tablao hace un momento con un bolso que parecía estar lleno -explicó Ana-. Me dijo que era la ropa de su hermana y que se la llevaba a casa. Lo siento, no pensé que fuera tan importante.
Bea y el comisario echaron un vistazo en el camerino y la ropa de Carmen estaba aún allí colgada de la barra.
-Bueno, ¡parece que María nos ha engañado a todos! -exclamó el comisario- ¡Ha conseguido hacerse con el dinero y escapar sin que nos diésemos cuenta!
-¡Vaya! -exclamó Bea-. ¡Esto sí que ha sido una sorpresa!
-¡Vamos a por ella! -dijo el comisario mientras ya salía por la puerta.

! ÜBUNG 89

Übung 89: Ergänzen Sie die Verbtabelle mit der 1. Person Singular!

Infinitiv	Indefinido	Imperfekt	Partizip
1. ser	....	....	....
2. estar	....	....	....
3. morir	....	....	....
4. traer	....	....	....
5. ir	....	....	....

La noche había quedado despejada y las calles de Barcelona se presentaban en su esplendor nocturno, con sus escaparates y edificios históricos iluminados. Pero la pareja de investigadores no tenía tiempo para eso ahora. Acababan de dar aviso a la central para que detuviesen a María en el aeropuerto pero sin tener tiempo de aclarar los detalles.

Avanzaban a toda velocidad hacia el aeropuerto.

Mientras Bea conducía sentada al volante el comisario García se revisaba las magulladuras y pequeñas lesiones de su cuerpo.

Übung 90: Setzen Sie die fehlenden Wörter ein!

1. Los hijos de mis hermanos son mis ______________.

2. La hermana de mi madre es mi ______________.

3. Los padres de mi marido son mis ______________.

4. La mujer de mi hijo es mi ______________.

5. Los hijos de mis tíos son mis ______________.

6. Los padres de mi padre son mis ______________.

-Bueno, vamos a ver, que ordene mis ideas -comenzó García su resumen de lo sucedido-. Aquí han coincidido dos crímenes, o mejor dicho tres, puesto que María acaba de escapar con dinero que no le pertenece,... creo. Por un lado tenemos a los terroristas que se enteraron de que en la figurita de jade se escondían las fórmulas necesarias para la construcción de una bomba atómica. Eso desde luego es lo más grave. Por otro lado está Luis, que celoso por un amante secreto mató a Carmen en su camerino. Y finalmente tenemos a María, la hermana de la muerta, que ofreció la información del microfilm en la figura de jade a los terroristas y nos puso sobre la pista de los terroristas. Pero ahora va y se escapa con el dinero y nos obliga a seguir en este caso.

-¡Ya! Vaya lío... Comprendo que los terroristas compraron la información sobre el microfilm en la figura de jade de María. Pero ¿cómo sabía María lo del microfilm?

-Buena pregunta y no tengo una buena respuesta -confesó el comisario.

-Pero aún tengo más preguntas -prosiguió Bea-. ¿Por qué iba diciendo María por ahí que Antonio era el amante de Carmen?

-Pues porque dijo haberlo leído en el diario de Carmen.

-Pero Antonio asegura que no tuvo relación con Carmen y la verdad es que me pareció muy convincente -repuso Bea.

-Ya me di cuenta de que te parece muy convincente -respondió García algo irónico-. Pero me parece que tienes razón. A mí Antonio también me pareció sincero.

-¿Pero qué interés podía tener María en enfrentar a Luis con Antonio?

-Lo ignoro, pero si la atrapamos se lo tendremos que preguntar -añadió el comisario mientras le señalaba a Bea que acelerara un poco más-. Date un poco de prisa porque se nos va a escapar.

-¿Estás seguro que se dirige al aeropuerto?

-Ella ha tenido tiempo suficiente para planear la huída y desde luego no le serviría de nada demorarse en Europa donde la perseguiría la Interpol. Latinoamérica me parece el destino más probable.

-Y por último, había un hueco en la pared del camerino de Carmen en el que faltaba una foto. ¿De qué foto se tratará?

-No sé porqué intuyo que María nos puede dar la respuesta.

El coche ya había dejado atrás la ciudad de Barcelona y avanzaba veloz por la autopista en dirección al aeropuerto.

Übung 91: Bilden Sie die richtigen Fragen mit den entsprechenden Fragewörtern!

1. ¿...?
   Las personas que están en mi casa son amigos míos.
2. ¿...?
   He venido en tren.
3. ¿...?
   Hoy he comido huevos fritos con patatas.
4. ¿...?
   Tengo el examen mañana por la tarde.
5. ¿...?
   Me voy a la cama porque estoy cansado.
6. ¿...?
   Llevo esperando dos horas.

En esos mismos instantes María aparcaba su viejo Ford en el aparcamiento del aeropuerto. Su vuelo a Managua saldría en quince minutos. No había tiempo que perder.
Las cosas habían salido bastante bien.
Gracias a la información que le dio a la policía, poniéndoles sobre aviso del robo de la figura de jade, logró que atraparan al terrorista y pudo poner el microfilm en manos de la policía.
Un atentado terrorista le parecía el acto más desalmado que una persona pueda imaginarse y no iba a permitir que esos desgraciados cometiesen un acto violento con el microfilm que ella les proporcionó.
Ahora se sentía muy satisfecha. Con el millón de euros podría vivir tranquilamente sin trabajar el resto de sus días en cualquier país de Latinoamérica.

Sus dedos golpeaban nerviosos el asa del bolso mientras esperaba en la fila del control de seguridad.
Carmen no había sido una buena hermana. Tenía un carácter muy difícil y no dudaba en humillar y dañar a otras personas cuando le convenía o estaba de mal humor. Sin embargo, María no quería que la mataran. Eso no lo había planeado ella.
-No se puede controlar todo. Las personas no son marionetas y son imprevisibles -se consoló a si misma.

ÜBUNG 92 !

Übung 92: Setzen Sie den bestimmten Artikel ein!

1. ________________ día
2. ________________ problema
3. ________________ dilema
4. ________________ gaviota
5. ________________ amistad
6. ________________ nacionalidad

Por fin llegaban al aeropuerto el comisario García y Bea. Abrieron las puertas de un golpe y salieron corriendo hacia la terminal del aeropuerto. Bea tuvo que detenerse a explicarle a un guardia del aeropuerto que eran policías persiguiendo a una sospechosa y que pidiera refuerzos.
García había avanzado corriendo hasta el control de seguridad.
-¡Paso, abran paso! Soy policía, déjenme pasar.
El agente del control de seguridad alterado por el alboroto detuvo al comisario.

-¡Quieto ahí! ¡Deténgase! -le gritó el agente.
-Soy comisario de policía y busco a una sospechosa que debe haber pasado el control hace poco.
Mientras el comisario describía a María llegó Bea.
-No puedo dejar pasar a nadie sin documentación. Nos ha llegado un aviso de que han detenido a un peligroso terrorista en Barcelona y tenemos orden de estar especialmente atentos -se justificaba el agente.
-¡A ese terrorista lo hemos detenido nosotros! ¡Por lo que más quiera, déjenos pasar ahora mismo! -se enfureció el comisario mientras rebuscaba en el bolsillo de su chaqueta el documento que le identificaba como comisario.
-Ya entra en el túnel para subir al avión. Yo no aguanto más... -se impacientó Bea mientras apartaba al agente de un empujón.

Übung 93: Setzen Sie diese Wörter in den Plural!

1. ley ______________________
2. martes ______________________
3. hindú ______________________
4. reloj ______________________
5. paraguas ______________________
6. buey ______________________
7. luz ______________________
8. marroquí ______________________
9. canción ______________________

El comisario y el agente se quedaron sorprendidos un instante, pero inmediatamente después el agente se echó a correr detrás de Bea. El comisario a su vez apenas pudo dar unos pasos antes de caerse enredado en su propia chaqueta que se había quitado a medias para buscar sus documentos que seguían sin aparecer.

Bea vio como cerraban la salida del vuelo a Managua y cómo recogían el túnel por el que había desaparecido María para entrar en el avión. Aún estaba a tiempo de alcanzar al personal de puerta para ordenarles que detuvieran el despegue del avión.

-¡Detengan...! -apenas había comenzado a gritar a las azafatas de la puerta ya cerrada a Managua sintió un duro golpe en la cabeza. Se detuvo y notó una agradable sensación de calor antes de perder el conocimiento.

! ÜBUNG 94

Übung 94: Lesen Sie weiter und finden Sie die Synonyme dieser Wörter: ***1. tratado 2. alegremente 3. con dirección 4. escepticismo 5. agradable 6. levantarse 7. fuerte!***

-¿Qué ha pasado?, ¿dónde estoy?

-Tranquila, estás en la enfermería del aeropuerto. Has recibido un duro golpe en la cabeza -dijo con voz suave García.

-Pero... -Bea intentó incorporarse y notó un fuerte dolor en la cabeza. Se llevó la mano a la herida y palpó un gran chichón.

-No hables, descansa. Te lo contaré todo -el comisario se sacó una foto del bolsillo de la chaqueta y se la mostró a Bea-. Se nos ha escapado. Ahora mismo está volando felizmente rumbo a Managua, de donde no podremos extraditarla por no haber un acuerdo internacional.

-¿Logró escapar? Pero, y tú ¿dónde estabas? -preguntó Bea con cara de incredulidad.

-En fin -comenzó algo avergonzado el comisario-, a ti te alcanzó el agente de seguridad y te propinó un tremendo golpe en la cabeza. Pensó que tenías algo que ver con los terroristas y...
-Vale, pero ¿y tú? Eres comisario.
-Cierto, pero cómo no encontraba la tarjeta que me acredita como comisario de policía el agente no me creyó. Cuando saliste corriendo yo traté de alcanzar al agente que te perseguía... pero... -el comisario mira al suelo y hace una breve pausa en su narración.
-¿Pero?
-...pero tropecé. Como me había quitado la chaqueta, pero no del todo, y me puse a correr para ayudarte y tenía una mano en un bolsillo de la chaqueta y con la otra la agarraba para quitármela o ponérmela del todo,...no me decidía,... bueno, pues eso. Tropecé, caí al suelo y cómo no tenía las manos disponibles, pues me di un buen golpe que me dejó atudido.
Bea no pudo evitar una leve sonrisa de compasión pero enseguida pasó nuevamente a la ofensiva.
-O sea que todo este jaleo para que se escape una de las principales implicadas. Y tú me dices que además no podemos hacer nada más.
-Me temo que eso es exactamente así -reconoció el comisario.
-Y esa foto, ¿qué es?

Übung 95: Lesen Sie weiter und ergänzen Sie den Dialog mit folgenden Wörtern: ***preguntas, rostro, mano, jaqueca, cama, seguridad, foto, boca!***

ÜBUNG 95 !

Al comisario se le iluminó algo el (1.) ________. Adelantó su (2.) ________ con la foto para que Bea pudiese verla.
-Esta foto puede ser la respuesta a algunas de las (3.) ________ que me has formulado en el coche camino al aeropuerto.

-¿De dónde sale? -la curiosidad hizo que Bea se sentara en la (4.) ______________. La cabeza aún le daba vueltas y tenía (5.) ______________.

-Nos la encontramos en el control de (6.)______________. Alguien la perdió al quitarse la chaqueta para el control de rayos x -comentó García con una sonrisa que iba creciendo en su cara.

-No se ve muy bien... -Bea inspeccionaba la (7.) ______________-... pero si es...

-¡Exacto! ¡Son ellos! Eso explica algunas cosas, ¿no?

-Sí, son María y ¡Luis! Y están besándose... ¡en la (8.)______________! -Bea no salía de su asombro.

-Por eso había desaparecido la foto de la pared del camerino.

-Claro -continuó Bea- porque todo el mundo se habría dado cuenta enseguida de que María tenía un motivo para matar a su hermana.

-Bueno, eso quizás también, pero sabemos que no fue María sino Luis quien mató a Carmen. Esa no puede ser la última razón -reflexiona un momento Bea.

Bea clavó los ojos en la foto y repasó todo lo ocurrido desde el principio.

-Claro, ya lo entiendo -exclamó finalmente.

El comisario ya no podía contener su alegría por haber resuelto ese misterio.

En ese momento entró el agente de seguridad que había golpeado a Bea. Esta dio un salto en la camilla al verlo entrar.

-No se preocupe, vengo en son de paz. Siento mucho lo ocurrido pero es que pensé... -decía el agente mientras avanzaba haciendo reverencias a Bea.

-No hay problema. Entiendo lo que ha pasado y usted sólo ha cumplido con su deber. Fue culpa nuestra no haberle enseñado nuestras tarjetas de identificación -mientras decía esto Bea le echó una mirada recriminatoria al comisario.

Al comisario se le volvió a borrar la sonrisa y miró al suelo con mala conciencia.

-Bueno, bueno, ya ve, la oficial Schramm ha aceptado sus disculpas pero ya está bien. Ahora necesita descanso, así que si no le importa... -dijo esto señalando la puerta.

-Claro, disculpe no quería molestar...

-No se preocupe -añadió Bea-, es que tengo aún algo de dolor de cabeza.

-Ya, pero antes de irme tengo... -el agente le alcanzó al comisario un papel doblado.

-De acuerdo muchas gracias, pero vaya, no se entretenga más -mientras abría la puerta el comisario García para que saliese el agente de seguridad.

-Es que...

El agente no pudo acabar la frase porque el comisario ya le había empujado con dulzura fuera de la enfermería. Cerró la puerta de un golpe.

Übung 96: Welches Wort ist das „schwarze Schaf"?

1. lunes, miércoles, jueves, primavera, sábado
2. primavera, diciembre, verano, otoño, invierno
3. enero, marzo, verano, abril, agosto
4. lago, mar, océano, laguna, agua
5. ramo, rosa, clavel, margarita, tulipán
6. libro, artículo, ensayo, biblioteca, recensión
7. carpintero, martillo, fontanero, albañil, sastre

-Por fin -exclamó García-, qué pesado.
-A lo nuestro, José, ¿que significa esta foto? -preguntó Bea volviendo a retomar la discusión.
-En el fondo es fácil. La foto nos revela que hubo un tiempo en que Luis y María se querían. La fecha de la foto nos demuestra que tuvo que ser hace unos años. Y el hecho de que estuviera colgada en el camerino de Carmen nos indica que ella sabía de ese amor.
-¿Y?
-¿Cómo que "y"? Está claro, ¿no?

*Übung 97: Formen Sie diese Sätze mit **se** um!*

1. La exposición fue inaugurada la semana pasada.

   La exposición se inauguró la semana pasada.

2. Los coches son revisados en la fábrica.

   ....

3. El fondo del océano no ha sido explorado totalmente.

   ....

4. La puerta ha sido cerrada bruscamente.

   ....

5. La fruta fue comprada en el mercado.

   ....

6. Los caballos son domados con delicadeza.

   ....

El comisario volvió a tomar la foto en sus manos y mientras la observaba continuó:
-No sé cómo acabó la relación de Luis y María. Ni siquiera sé si realmente acabó. Pero lo que si sabemos es que Luis y Carmen iniciaron una relación que sólo acabó con la muerte de Carmen.

Übung 98: Übersetzen Sie ins Spanische!

1. Es tut mir leid. ______________________
2. Es macht nichts. ______________________
3. Es lohnt sich nicht. ______________________
4. Viel Spaß! ______________________
5. Entschuldigen Sie die Störung. ______________________
6. Welch ein Glück! ______________________

Además, ten en cuenta que fue María la que le contó a todo el mundo que Carmen tenía un amante. Y por si eso fuera poco nos informó acerca del pañuelo con el que Luis estranguló a Carmen.
-Hmmm... no acabo de entender -contestó Bea.
-¡Fácil! María ama a Luis y Luis se lía con Carmen. María decide hacer sufrir a Carmen y a Luis diciéndole a Luis que Carmen tiene un amante y regalándole un pañuelo a Carmen.
-¿Te parece que María quería que su hermana muriese? -duda Bea.
-No, no lo creo. Supongo que sólo quería crear un conflicto en la relación y que no contaba con un asesinato.
-Y una vez que Luis mató a Carmen, María decidió ayudarnos para que lo pudiéramos capturar. Y para que las sospechas no recayeran

sobre ella nos informó de que Carmen tenía un amante -prosiguió Bea, que ahora entendía todo.
-Sí, realmente una historia bien triste, de amores, desamores, celos, odios, sangre y dolor.
-Y todo eso al mismo tiempo que unos terroristas deciden robar el microfilm contenido en la figurilla de jade.
-Efectivamente -concluyó el comisario. Un caso más resuelto. Nos quedamos sin detener a la principal causante de todo este embrollo, pero al menos sabemos lo que pasó. Aunque este caso desde luego ha costado lo suyo.
-Sí, compañero, este ha sido uno de nuestros casos más difíciles. Lo que más lamento es que María encima se haya logrado llevar el dinero. Bea dio un suspiro para luego continuar diciendo:
-Venga, te invito a tomar unas tapas. Pero esta vez no vamos a un tablao flamenco, esta vez elijo yo el local.

ÜBUNG 99 !

Übung 99: Setzen Sie die Sätze ins Imperfekt!

1. Luis es un chico muy metódico.

....

2. Se levanta muy temprano por las mañanas.

....

3. Desayuna y se va a trabajar.

....

4. Trabaja en un tablao flamenco.

....

5. Después de comer toma una copita y fuma un cigarro.

6. Luego duerme la siesta.

7. Por las tardes vuelve a trabajar hasta tarde.

8. Cuando llega a casa cena y lee un libro o ve la televisión.

-Sí, una tónica por favor.
María colocó la tónica y los cacahuetes sobre la mesita plegable. Tomó un sorbo de la bebida y volvió a colocarse la almohada para estar más cómoda.
Sus pies aferraban el bolso con el dinero.
Al final, no habían salido tan mal las cosas, pensaba mientras cerraba los ojos y una sonrisa se esbozaba en su cara.

Übung 100: Ersetzen Sie das Adjektiv durch das jeweilige Gegenteil!

1. La calle es angosta.

2. Me siento muy afligido.

3. Adrián es una persona muy envidiosa.

4. Ana es muy tacaña.

5. ¡Qué bien! -dijo Bea con entusiasmo.

6. Este material es completamente opaco.

Habría dejado de sonreír si hubiese sabido lo que ponía en la nota que el agente de seguridad le dio a García en la enfermería y que seguía en el bolsillo de la chaqueta del comisario:

García, le felicito por el cumplimiento de su misión.
Por cierto, me informan desde la Interpol que han detenido a otros miembros de la banda terrorista. El terrorista que ha detenido usted además de ser un sanguinario terrorista resulta ser un especialista falsificador de dinero.
Descanse ahora y venga mañana a la oficina porque han robado una estatua de Miró de la fundación.

Saludos
Almodóvar

FIN

Abschlusstest

Übung 1: Sind folgende Aussagen richtig? Markieren Sie mit richtig ✔ oder falsch – ?

1. Bea es la colaboradora sueca de García ☐
2. El padre de Antonio conocía al padre de Carmen y María ☐
3. García es un policía que no hace mucho deporte ☐
4. Al comisario le gustan mucho las tapas y el flamenco ☐
5. Antonio es un guitarrista que trabaja en "La guitarra" ☐
6. Carmen es la camarera del tablao ☐
7. A los López no les importa mucho lo que pasa en el tablao ☐
8. Luis trabaja en el tablao como camarero ☐
9. "La Boquería" es un tablao flamenco ☐
10. Finalmente consiguen detener a la persona que huyó con el dinero ☐
11. García es un investigador que trabaja en Madrid ☐

*Übung 2: Setzen Sie **ser** oder **estar** ein!*

1. Bea y el comisario García ________ en Barcelona.
2. Barcelona no ____________ la capital de España.
3. El reloj de mi casa ________ siempre parado.
4. _______ importante comer cosas sanas.
5. Carmen y María ____________ muy asustadas.
6. Hoy ________ martes 10 de diciembre.
7. ¡Hoy no ______ mi día! Me sale todo mal.

8. Carlos escribió el libro. El libro _______ escrito.

9. La música electrónica __________ de moda.

10. _____ muy tarde para salir. Me quedaré en casa.

11. Me han dado un premio. ¡______ de suerte!

Übung 3: Bilden Sie die negative Form des Imperativs!

1. ¡Cómetelo! ______________________________

2. ¡Pruébesela! ______________________________

3. ¡Contamínalo! ______________________________

4. ¡Háblales! ______________________________

5. ¡Enséñanosla! ______________________________

6. ¡Lávenselo! ______________________________

7. ¡Miráoslo! ______________________________

8. ¡Pensémonoslo! ______________________________

Übung 4: Was passt? Kreuzen Sie an!

1. ¿Cómo estás?
   a) ☐ Estoy mucho bien.
   b) ☐ Estoy muy bien.
   c) ☐ Estoy más bien.

2. Esto debe de ser de…
   a) ☐ nadie.
   b) ☐ algo.
   c) ☐ alguien.

3. Esta herramienta no sirve para…
   a) ☐ nada.
   b) ☐ algo.
   c) ☐ alguien.

4. Me gusta viajar. Por eso lo hago…
   a) ☐ mucho.
   b) ☐ nunca.
   c) ☐ muy.

5. ¿Has ido alguna vez al Polo Sur?
   a) ☐ No, nada.
   b) ☐ No, nunca.
   c) ☐ No, ninguna vez.

6. ¿Has comido hoy?
   a) ☐ Sí, había comido.
   b) ☐ Sí, he comido.
   c) ☐ Sí, comí.

7. ¡Lo siento!
   a) ☐ Me da igual.
   b) ☐ Perdón.
   c) ☐ No importa.

8. Por favor ¿podría enseñarme el piso que está en alquiler?
   a) ☐ Sí, puedo enseñárselo.
   b) ☐ Sí, puedo enseñártelo.
   c) ☐ Sí, puedo enseñarlo a usted.

9. Le presento a…
   a) ☐ Maravillado.
   b) ☐ Encantado.
   c) ☐ Sorprendido.

10. ¿Qué edad ______?
   a) ☐ tienes
   b) ☐ eres
   c) ☐ has

Übung 5: Setzen Sie die fehlenden zehn Akzente ein!

El coche avanzaba por las calles de Barcelona en direccion al mar. Los grandes arboles que bordeaban las avenidas iban pasando por la ventana de Bea para desaparecer enseguida. Ella reclino la cabeza en el cristal, algo cansada, pero feliz de estar en esta ciudad. Habia oido hablar tanto de este lugar que cuando llego le parecio que recordaba muchas cosas. Tuvo la sensacion de volver a un lugar conocido, pese a ser la primera vez estaba ahi. Y se alegraba de tener a Garcia a su lado.

Übung 6: Übersetzen Sie die Wörter in Klammern!

Entre los (1. Kunden) ______________ había mucha gente que se llevaba su propia comida comprada en otros puestos y la comían allí acompañándola con alguna bebida del local. Esto no (2. störte) ______________ nada en absoluto, todo lo (3. Gegenteil) ______________, a los clientes se les preguntaba simplemente si estaban (4. zufrieden) ______________.

Aunque Bea y el comisario continuaban muy preocupados por el caso (5. genossen) ________________ mucho de la comida.

Los hechos descubiertos en la biblioteca los habían (6. verwirrt) ____________________ aún más. No sabían cómo (7. verknüpfen) ___________________ la muerte de un espía ruso con el asesinato de su hija y el robo de una Sevillana de jade.

Übung 7: Welche Antwort ist richtig?

1. Antonio vive en un estudio...
   a) ☐ en la ciudad.
   b) ☐ cerca de la playa.
   c) ☐ en el campo.

2. María tiene su casa decorada con un gusto muy...
   a) ☐ anticuado.
   b) ☐ moderno.
   c) ☐ cursi.

3. El tablao "La guitarra" está situado en...
   a) ☐ las Ramblas.
   b) ☐ el Paseo de Gracia.
   c) ☐ el Barrio Gótico.

4. El padre de Carmen era...
   a) ☐ guitarrista.
   b) ☐ cantaor.
   c) ☐ bailaor.

5. El padre de Antonio era...
   a) ☐ guitarrista.
   b) ☐ cantaor.
   c) ☐ bailaor.

6. María trabaja como...
   a) ☐ camarera.
   b) ☐ bailaora.
   c) ☐ asistente de Carmen.

7. El terrorista detenido es conocido por el nombre de...
   a) ☐ Warren Wallas.
   b) ☐ William Wayne.
   c) ☐ Manolete.

Übung 8: Setzen Sie die richtige Präposition ein!

1. ¿Cuánto cuesta el libro ________ español?
2. Vino ________ repente, sin avisarme, ________ recogerme.
3. Escribió el libro ________ un mes.
4. ________ ir al mercado hay que pasar ________ el parque.
5. Acabo ________ ir al médico.
6. Trabajo todo el día ________ descanso.
7. Tenemos derecho ________ viviendas dignas.
8. Me gustan mucho la paella ________ conejo ________ aceitunas.
9. Empezamos ________ cantar ________ vergüenza porque estamos acostumbrados ________ hacerlo.
10. ¡Gracias ________ hacerme este favor!

Lösungen

Übung 1: 1.el 2. la 3. el 4. la 5. un 6. las 7.- 8. las 9. el 10. la
Übung 2: 1. la ladrona 2. la oficial de policía 3. la vigilante nocturna 4. la famosa artista 5. la profesional 6. la inspectora
Übung 3: 1. moderno/antiguo 2. sur/norte 3. bello/feo 4. conectar/desconectar 5. rapidez/lentitud 6. trasera/delantera 7. fácil/difícil
Übung 4: 1. esculturas grandes 2. formas geométricas 3. colores brillantes 4. colorido alegre 5. salas grandes 6. alturas diferentes 7. perspectivas diferentes
Übung 5: 4-8-7-6-2-3-1-5
Übung 6: 1. chico 2. golpe 3. comisario 4. trabajo 5. oficina 6. acción 7. crimen
Übung 7: 1. coche 2. viaje 3. caminar 4. anillo 5. pájaro 6. camión 7. lechuga 8. correr
Übung 8: 1. escultura 2. salas 3. colocaron 4. después 5. control 6. estaba
Übung 9: 1. coches 2. locales 3. tablaos 4. aficiones 5. tapas 6. excepciones 7. trabajos
Übung 10: 1. estaban 2. ser 3. es 4. está 5. era 6. era 7. fue 8. fue 9. está 10. están 11. está 12. está
Übung 11: 1. Encima 2. Entraron 3. bajaron 4. estrecha 5. entrada 6. grande 7. redondas
Übung 12: 1. noches 2. ojo 3. mesa 4. camarero 5. escenario 6. bailaoras 7. gran
Übung 13: 1. tomar 2. recomienda 3. está 4. Tenemos 5. propuso 6. aceptó 7. sonrió
Übung 14: hacía – dominaba – había – conocía – interesaba
Übung 15: 1. pantalón 2. ¿cómo? 3. también 4. lápiz 5. fácilmente 6. tontería 7. café 8. perro 9. país 10. frío 11. policía 12. república 13. río 14. órdenes 15. demócrata
Übung 16: aleteando, rodeándose, girando, esquivándose, llamándose
Übung 17: 1. Para 2. para 3. por 4. para 5. por 6. por 7. Para 8. por 9. por 10. por 11. Para
Übung 18: 1. a 2. del 3. por 4. del 5. con 6. a 7. a 8. de 9. En 10. de 11. de 12. para 13. para 14. de
Übung 19: 1. naturalmente 2. fácilmente 3. rápidamente 4. generalmente 5. eficazmente 6. sencillamente 7. silenciosamente 8. tranquilamente 9. lentamente 10. comúnmente 11. amablemente 12. cariñosamente
Übung 20: esposa/mujer, turbados/sorprendidos, afligida/desconsolada, propietario/dueño, otra vez/de nuevo, particular/extraña, atemorizados/asustados
Übung 21: 1. mucho 2. muy 3. mucha 4. muy 5. mucho 6. muy 7. muchos 8. muchas

Übung 22: 1. suceso 2. camerino 3. Estrangular 4. cadáver 5. actuación 6. consejo
Übung 23: 1. El ladrón se la ha llevado 2. Carmen le consiguió un trabajo 3. No lo tengo 4. El caso les sorprendió 5. "La guitarra" la convirtió en una famosa artista 6. María lo hizo
Übung 24: dirigió, Sí, también, por qué, ladrón, mató, preguntó, María, sorprendió, ladrón, entró, intentó, explicó, ladrón, mató, huyó
Übung 25: 1. Me lo compró 2. Se lo compró 3. Se lo ha comprado 4. Nos lo compra 5. Os lo compró 6. Se lo compra
Übung 26: 1. gordo 2. cabeza 3. simpático 4. clientes 5. motivo 6. negocio 7. pequeña 8. cara 9. trabajo 10. decisiones
Übung 27: 1. Indefinido: salieron, dirigieron, subió, comprendió, observaron 2. Imperfekt: estaban, estaban, empezaban 3. Konditional I: podría, sería, daría
Übung 28: 1. larga 2. calor 3. barba 4. vendedor 5. bandeja 6. miradas 7. asesino
Übung 29: 1. tenga 2. toma 3. quédese 4. hablen 5. bebed 6. sube
Übung 30: extraordinario/especial, gema/piedra preciosa, ensimismado/distraído, dueña/propietaria, asesinar/matar, evaluar/valorar
Übung 31: 1. riñones 2. cejas 3. caderas 4. uña 5. cabello/pelo 6. rodilla 7. barbilla 8. frente
Übung 32: 1. El Barrio Gótico es muy bonito 2. ¿Ya has visto el Museo del Prado? 3. En la oficina de Ana hacía mucho calor 4. Hace mucho tiempo que no te veo 5. El proyecto ha salido muy bien 6. Hay muchas cosas que me gustaría saber 7. Los investigadores están muy despistados
Übung 33: 1. me acuesto 2. puedo 3. vengo 4. encuentro 5. pienso 6. traigo 7. prefiero 8. hago 9. tengo 10. conozco 11. voy
Übung 34: 1. tonto 2. ineficiente 3. bajo 4. corto 5. amargo 6. cómodo 7. moreno 8. mentira 9. vejez
Übung 35: 1. bien 2. buena 3. bien 4. bueno 5. bien 6. buenas 7. Buenos
Übung 36: 1. El cuadro "Las Meninas" fue pintado por Velázquez 2. El niño fue mordido por el perro 3. El asesino fue capturado por la policía 4. El país fue destruido por la guerra 5. Un desconocido fue propuesto para el premio Nóbel por la Academia 6. Las casas fueron destruidas por el temporal
Übung 37: 1. maquillarse 2. prepararse 3. vestirse 4. peinarse 5. entretener 6. ayudar 7. pagar 8. sueldo
Übung 38: 1. figura 2. tocador 3. secreto 4. misterio 5. tablao 6. puerta 7. nuevo
Übung 39: 1. había dicho 2. había parecido 3. había muerto 4. habían sido 5. había caído
Übung 40: 1. poniendo 2. huyendo 3. cayendo 4. creyendo 5. diciendo 6. oyendo 7. pudiendo 8. riendo 9. trayendo 10. viniendo
Übung 41: No, mi madre no se llama Lucía 2. No, me ducho con agua fría 3. No, nos levantamos temprano 4. No, no nos vamos 5. No, no nos hemos puesto el abrigo 6. No, no se quedan en casa.

Übung 42: 1. A nosotros nos gustó la obra de teatro, pero a ellos no les gustó 2. A mí me gustaron los regalos, pero a vosotros no os gustaron 3. A nosotros nos gustaron los pasteles, pero a usted no le gustaron 4. A ella le gustó el viaje, pero a mí no me gustó 5. A mí me gustó España, pero a él no le gustó 6. A ellos les gustaron las novelas, pero a mí no me gustaron
Übung 43: 1. estos 2. estas 3. esta 4. este 5. este 6. estos
Übung 44: 1. esa 2. ese 3. ese 4. esos 5. ese 6. esas 7. esa
Übung 45: 1. Sabes 2. Sabéis 3. sabemos/podemos 4. Puedes 5. Puedo/sé 6. Sabéis 7. sabemos/podemos 8. Sabes 9. sé/puedo
Übung 46: 1. cinco mil quinientos cincuenta y cinco 2. el siglo quince 3. en mil novecientos noventa y nueve 4. el quinto piso 5. un millón trescientos cincuenta mil cuatrocientos treinta y dos 6. cincuenta y tres euros con ochenta y ocho céntimos 7. La una menos veinticinco 8. Las once y diez
Übung 47: 1. general 2. calle 3. derecha 4. izquierda 5. señora 6. señorita 7. Usted/Ustedes 8. Servicio Público 9. Impuesto sobre el Valor Añadido 10. Sociedad Anónima 11. por autorización 12. Estados Unidos
Übung 48: 1. carne 2. fruta 3. pescado 4. verdura 5. flores 6. pan 7. pasteles 8. helados
Übung 49: 1. Tendremos ganas de bailar 2. Habrá un perro en la puerta de mi casa 3. ¿Vendrás conmigo? 4. Se lo diremos la próxima semana 5. Iréis a Asturias en septiembre 6. Serán las cuatro menos cuarto. 7. ¿Sabrás conducir este coche?
Übung 50: 1. ¿Podrías abrir la ventana? 2. Me gustaría tener dinero 3. Preferiría la carne muy hecha 4. ¿Cabría esa posibilidad? 5. ¿Qué harías mañana? 6. Hoy no iría a visitarte 7. ¿Querrías venir con nosotros?
Übung 51: 1. una habitación muy pequeña 2. al lado de la cocina 3. por un pasillo 4. detrás de la barra 5. un ventilador 6. las cuentas del negocio
Übung 52: 1. más bonito 2. mejor 3. peor 4. más caro 5. mayor 6. menor 7. más alto
Übung 53: 1. dicho 2. roto 3. abierto 4. visto 5. vuelto 6. descubierto 7. escrito 8. hecho 9. puesto 10. resuelto
Übung 54: 1. bailando 2. pidiendo 3. bebiendo 4. oyendo 5. leyendo 6. recibiendo 7. yendo 8. durmiendo 9. viendo 10. sintiendo
Übung 55: 1. buenísimo 2. agradabilísimo 3. paupérrimo 4. feísimo 5. riquísimo 6. grandísimo/máximo 7. pequeñísimo/mínimo
Übung 56: 1. mala 2. gran 3. buen 4. San 5. mal 6. buen
Übung 57: 1. a 2. -/al 3. – 4. – 5. a 6. a 7. – 8. a 9. a
Übung 58: 1. racimo 2. jarra 3. rebanada 4. rodaja 5. botella 6. loncha
Übung 59: 1. con 2. a 3. con 4. con 5. A 6. a/con 7. A 8. con/a 9 .con 10. a
Übung 60: 1. Las gafas son mías 2. El libro es tuyo 3. Sí, es nuestra hermana 4. Los periódicos son suyos 5. Sí, las maletas son suyas 6. El coche es nuestro 7. Sí, el sitio es mío

Übung 61: 1. hacer que alguien hable 2. hacer cosas que pueden llevar a problemas 3. no preocuparse por nada 4. hablar de lo importante 5. desviarse del tema de la conversación 6. volver a ser amigo de alguien
Übung 62: siguió, agudizó, se levantó, se colocó, contuvo, tensó, abrió, entró, pensó, dio, se abalanzó, cayó, dio, rodaron
Übung 63: 1. Los sábados vamos a ver a nuestros padres 2. Dicen que las mujeres alemanas son muy guapas 3. Los perros de mis tíos son buenos rastreadores 4. Tus amigas parecen simpáticas 5. Llevamos libros en las maletas 6. Nos gusta tu jardín
Übung 64: 1. hay 2. está 3. hay 4. están 5. hay 6. está
Übung 65: 1. es 2. Estoy 3. son 4. está 5. es 6. son 7. está
Übung 66: 1. encontrará 2. podrán 3. sabrá 4. hablará 5. bailarán 6. tendrán
Übung 67: 1. en 2. en 3. a 4. a 5. en 6. de 7. con
Übung 68: 1. observaron 2. expresión 3. contestó 4. el rostro 5. claridad 6. detrás de
Übung 69: 1. colabora 2. la cárcel 3. meditó 4. ganas 5. Pertenezco 6. utilizar
Übung 70: 1. mujer 2. oferta 3. lugar 4. dinero 5. intercambio 6. papelera 7. información
Übung 71: 1. torpe 2. estrictos 3. educados 4. refinado 5. superficial 6. vago 7. listo 8. sociable
Übung 72: 1. espeluznante 2. auricular 3. interrogatorio 4. preocupado 5. sorpresas 6. acompañó
Übung 73: 1. detenido (Verhaftete) 2. fecha (Datum) 3. juicio (Gerichtsverhandlung) 4. noticia (Nachricht) 5. autopsia (Obduktion) 6. víctima (Opfer) 7. pañuelo (Tuch) 8. pista (Spur)
Übung 74: 1. Oberfläche 2. Fliese 3. Säule 4. Nest 5. Vortreppe 6. Schuppe 7. Drache 8. uneben 9. Gebäude
Übung 75: 1. nadie/alguien 2. nada 3. alguien 4. nadie 5. algo 6. todo 7. nada 8. algo
Übung 76: 1. asiento 2. escritorio 3. extenso 4. puerta 5. dragón 6. fregadero
Übung 77: 1. una decisión 2. la infancia 3. una conversación 4. un caso 5. un delito 6. un favor 7. al trabajo 8. muy bien
Übung 78: 1. a) 2. c) 3. b) 4. a)
Übung 79: 1. viajar 2. comer 3. pasear 4. pensar 5. leer 6. despedirse
Übung 80: 1. comer 2. oír 3. levantados 4. Segundo 5. un armario 6. saldrá 7. dormiré 8. saldrás 9. intentar 10. ventana
Übung 81: 1. Sí, Carmen era una buena bailaora 2. Sí, Bea está en forma 3. Sí, al comisario le gusta el flamenco 4. No, María no está contenta con la muerte de su hermana 5. Sí, Antonio baila con Carmen
Übung 82: 1. No te lo pruebes 2. No nos lo des 3. No me lo recuerdes 4. No se la mandes 5. No me los compres 6. No se lo ponga

Übung 83: 1. Quítenselo 2. Rómpelo 3. Lávamelo 4. Regálaselo 5. Creéoslo 6. Dánosla
Übung 84: 1. La policía capturó a los terroristas 2. El bailaor asesinó a la bailaora 3. El comisario García y Bea descubrieron el crimen 4. La gente ocupó las calles 5. Los abogados examinaron los documentos 6. El mecánico reparó el coche
Übung 85: 1. hueso 2. yema 3. miga 4. clara 5. espinas 6. cáscara
Übung 86: 1. nublado 2. marino 3. caluroso 4. divertido 5. bueno 6. soleado
Übung 87: 1. una aspiradora 2. un frigorífico 3. un secador 4. una lavadora 5. un lavavajillas 6. un horno 7. una secadora
Übung 88: 1. mesa, cama, estantería, mesilla 2. camisa, sombrero, guantes, falda 3. martillo, tijeras, destornillador, taladro 4. fútbol, tenis, baloncesto, equitación 5. maestro, dentista, arquitecto, médico 6. col, espinacas, patatas, lechuga
Übung 89: 1. fui, era, sido 2. estuve, estaba, estado 3. morí, moría, muerto 4. traje, traía, traído 5. fui, iba, ido
Übung 90: 1. sobrinos 2. tía 3. suegros 4. nuera 5. primos 6. abuelos
Übung 91: 1. ¿Quiénes son las personas que están en tu casa? 2. ¿Cómo has venido? 3. ¿Qué has comido hoy? 4. ¿Cuándo tienes el examen? 5. ¿Por qué te vas a la cama? 6. ¿Cuánto tiempo llevas esperando?
Übung 92: 1. el 2. el 3. el 4. la 5. la 6. la
Übung 93: 1. leyes 2. martes 3. hindúes 4. relojes 5. paraguas 6. bueyes 7. luces 8. marroquíes 9. canciones
Übung 94: 1. acuerdo 2. felizmente 3. rumbo 4. incredulidad 5. suave 6. incorporarse 7. duro
Übung 95: 1. rostro 2. mano 3. preguntas 4. cama 5. jaqueca 6. seguridad 7. foto 8. boca
Übung 96: 1. primavera 2. diciembre 3. verano 4. agua 5. ramo 6. biblioteca 7. martillo
Übung 97: 1. La exposición se inauguró la semana pasada 2. Los coches se revisan en la fábrica 3. El fondo del océano no se ha explorado totalmente 4. La puerta se ha cerrado bruscamente 5. La fruta se compró en el mercado 6. Los caballos se doman con delicadeza
Übung 98: 1. Lo siento 2. No importa 3. No vale la pena 4. ¡Que se/te divierta/s! 5. Perdone las molestias 6. ¡Qué suerte!
Übung 99: 1. Luis era un chico muy metódico 2. Se levantaba muy temprano por las mañanas 3. Desayunaba y se iba a trabajar 4. Trabajaba en un tablao flamenco 5. Después de comer tomaba una copita y fumaba un cigarro 6. Luego dormía la siesta 7. Por las tardes volvía a trabajar hasta tarde 8. Cuando llegaba a casa cenaba y leía un libro o veía la televisión
Übung 100: 1. La calle es ancha 2. Me siento muy feliz 3. Adrián es una persona

muy altruista 4. Ana es muy generosa 5. ¡Qué bien! -dijo Bea con indiferencia 6. Este material es completamente transparente

Lösungen Abschlusstest

Übung 1: 1. falso 2. verdadero 3. verdadero 4. verdadero 5. falso 6. falso 7. falso 8. verdadero 9. falso 10. falso 11. falso
Übung 2: 1. están 2. es 3. está 4. Es 5. están 6. es 7. es 8. está 9. está. 10. es 11. estoy
Übung 3: 1. No te lo comas 2. No se la pruebe 3. No lo contamines 4. No les hables 5. No nos la enseñes 6. No se lo laven 7. No os lo miréis 8. No nos lo pensemos
Übung 4: 1. b) 2. c) 3. a) 4. a) 5. b) 6. b) 7. c) 8. a) 9. b) 10. a)
Übung 5: dirección, árboles, reclinó, había, oído, llegó, pareció, sensación, ahí, García
Übung 6: 1. clientes 2. molestaba 3. contrario 4. satisfechos 5. disfrutaron 6. desconcertado 7. relacionar
Übung 7: 1. b) 2. c) 3. c) 4. b) 5. a) 6. c) 7. b)
Übung 8: 1. de 2. de/para 3. en 4. Para/por 5. de 6. sin 7. a 8. de/con 9. a/sin/a 10. por